近代日本の思想家

9

Miki Kiyoshi

三木 清

Miyagawa Toru

宮川 透

東京大学出版会

Thinkers of Modern Japan 9
MIKI KIYOSHI

Toru MIYAGAWA
University of Tokyo Press, 2007
ISBN 978-4-13-014159-8

UP選書への収録にあたって

『近代日本の思想家』叢書の一冊として、拙著『三木清』を刊行してから十余年の歳月が流れた。その間、日本思想史関係の文献年表に徴しても明らかなように、この研究分野は質量ともにすぐれた共有財産をもつにいたったし、三木清の周辺部分に限ってみても、畏友荒川幾男氏の名著『三木清』(紀伊国屋新書)、有斐閣版『近代日本政治思想史』IIなど、著しい進展をみせ、著者自身もこの間、小著『西田・三木・戸坂の哲学』(講談社)を執筆し、幾分、自己の研究を進めえたと私念している。

このような現状下、東京大学出版会よりUP選書への収録の誘いを受け、いささか躊躇の念を禁じえないものがあった。しかし考えてみれば、一般に書物というものは、ひとたび刊行されれば、執筆者自身の手を離れて独り歩きをはじめるものであって、著者自身も本書を刊行してから十余年、折に触れ、このような感慨と実感を味わってきた。その意味で、著書の命脈の判定は読者に委ねるのほかあるまい。

本書は、著者がみずからに課した一定の《知的禁欲》の姿勢のもとに、近代日本思想史のなかへと三木清を正確に位置付け、そのことをつうじて三木清を三木清から理解しようとする、客観的な歴史叙述に照準した書物であって、執筆当時の著者の生の心情の投影は、可能なかぎり抑制されている。今となってみれば、この点に著者自身、慊らぬものも覚えるのであるが、反面、そのことが本書の延命に幾分なりとも役立っているのではないかとも考えている。自己弁護めいたが、このような慰めも手伝って、新シリーズへの収録の誘いを受諾することにした。諒とされたい。

一九七〇年　初夏

宮川　透

目次

人格主義的ヒューマニズム

三木清は、明治三〇年（一八九七年）一月五日、兵庫県揖保郡揖西村に、父三木清助、母しんの長男として生まれた。その生家は農業を家業としていたが、祖父の代に米穀を商ったことから、村の「米屋」として知られ、その地方では資産家の部類に属する家柄であった。明治三六年（一九〇三年）三月、かれは当村の尋常小学校に入学したが、学業成績が良好なうえに、村の資産家の子弟でもあるというので、教師から大変可愛がられたという（三木克己「少青年時代の兄」）。しかし、三木清の場合、都会の資産家の子弟にしばしばみられるように、小学校入学前からいろいろの書物をあたえられ、早期教育をほどこされるというようなことはなく、つとめて近隣の百姓の子供とかわらないように躾けられ、育てられたようである。かれは、後年、少年期を回想してつぎのように語っている。

「私自身は、小学校にいる間、中学に入つてからも初めの一二年の間は、教科書よりほかの物は殆んど何も見ないで過ぎてきた。学校から帰ると、包を放り出して、近所の子供と遊ぶか、家の手伝ひをするといふのがつねであつた。……私は商売よりも耕作の手伝ひが好きであつた。つまり私は百姓の子供として育つたのである。……今少年時代を回顧しても、私の眼に映つてくるのは、郷里の自然とさまざまの人間であつて、書物といふものは何ひとつない。」(「読書遍歴」『読書と人生』九―一〇頁)

明治四二年(一九〇九年)四月、三木清は兵庫県立竜野中学校に入学するが、ここでかれは、その生涯にわたる多彩な読書遍歴の出発点となった、読書における最初の邂逅を経験する。それは、かれ中学三年のとき、東京高師を卒業して当校に国語の教師として赴任してきた寺田喜治郎をつうじて、徳富蘆花の『自然と人生』にふれたことである。かれは語っている。

「私がほんとに読書に興味をもつやうになつたのは、……寺田喜治郎先生の影響である。この先生に会つたことは私の一生の幸福であつた。確か中学三年の時であつたと思ふ。……私どもは教科書のほかに副読本として徳富蘆花の『自然と人生』を与へられ、それを学校でも読み、家へ帰つてからも読んだ。……もし読書における邂逅といふものがあるなら、私にとつて蘆花はひとつの邂逅であつた。……彼によつて先づ私は自然と人間に対する眼を開かれた。もし、私がヒューマニストであるなら、それは早く蘆花の影響で知らず識らずの間に私のうちに育つたものである。彼のヒューマニズムが染み込んだのは、田舎者であつた私にとつて自然のことであつた。」(「読書遍歴」『読書と人生』一二―四頁)

かくて中学生三木清の文学書を中心とする「混沌たる多読時代」がはじまった。書籍費というと「殆んど無制限に与へてくれた」(三木克己、前掲書)父の理解にたすけられて、中学後半のかれは「傷ついた野獣」のようなエネルギッシュな肉体から発するはげしい知的渇望と「次第に深く目覚めつつある性的に伴う憂愁」(「語られざる哲学」)のはけ口を「企業的」「冒険的」濫読と創作にもとめたようである。かれは内外の文学書をひろく渉猟するとともに、かれ自身の表現をかりれば、「小説を書き、戯曲を試み、批評を草し、感想を物し、歌を作つた」のである。同級の友人古林厳(のち、藤岡と改姓)らと作った文芸の回覧雑誌や校友会雑誌に創作めいたものを発表したり、脇坂藩の儒者で、当時、竜野中学校にあって漢文を教えていた本間貞観に漢詩を習い、みずからも詩作をこころみたのはこのころのことである。

　このように、中学後半の三木清は「文学に熱中」した。その文学熱が昂じ、四年の末期、かれは将来創作家になろうと真剣に考え、一時その決意をかためたほどであった。この頃の精神状況を大学時代の三木清は、自己の「生長の心理的過研を告白録風に記し」た草稿「語られざる哲学」のなかで、つぎのように反省的に回顧している。

　「私達は唯文学が分り文学をやると云ふことだけの理由で自分達を何か特別に秀れた人間ででもあるように考へて、しきりに霊感《インスピレーション》と早熟《プレコシティ》とに就てそれらを恰も私達が本当にもつてをるものであるかのやうに語り合つた。当時流行してゐた文学者の名とそれらの人々の著作とが秩序もなく私達の話題に上つた。世紀末の懐疑と頽廃とが私達を誘惑した。私達は古典的なるものの大さと深さ、健康と完全とよりも特性的なるものの珍しさと鋭さ、病的と畸形とにより多くの興味を見出した。心理的個性的に目覚めて何より第一に自我を他と異つたものとして感じまた主張する時代、自己の周囲に漂ふ雰囲気を真の自己と思ひ誤る時代、それらのことよりも一層根本的には虚栄心と功名心とが内向的な活動を忘れさせて限りを知らぬ外向的な運動に駆る時代が私の中学時代の後の二年間を占めてゐた。」(「語られざる哲学」『著作集』第一巻、四四―五頁)

ところが、中学五年の末期をほぼ境として、「世紀末の懐疑と頽廃」に陶酔し耽溺していた創作家志望の文学青年三木清のうちに、一種の転換がおとずれ、かれはいわば「健康なるもの、自由なるもの、生命的なるもの」を積極的にもとめるようになった。この内的転換を三木清はさきの草稿「語られざる哲学」のなかでつぎのように説明している。

「私の情意の直観的な識別力と広袤を求める私の知識欲の遠心力とがともすれば新しきもの奇らしきもの病的なるものと親しまうとする私の性格の雰囲気への耽溺と陶酔とを妨害することが出来た。最初はただアーヌングに導かれてゐた私の心が多少でも自覚的に健康なるものへ憧がれる時が極めて緩にやつて来た。それと同時に私はその当時非常な勢で流行してゐた自然主義や頽廃主義やの文学に対して反感を抱くやうになつて来つつあつた。このときに乗じて私の哲学的要求が急に頭を擡げて来て、中学五年の末期には私を哲学志望にかへてゐた。或は事実を云ふと、その時分のだらしない私の生活が私をして自分自身を非常に嫌なものに感じさせ、私はどうにかしてその沈滞した気持から逃れなければ当然精神的に破産せねばならないやうな運命にあつた機会を私の哲学的要求が利用して成功したのであつたに相違ない。いづれにせよ私は文学者志望を断念した。」(「語られざる哲学」『著作集』第一巻、四六頁)

このような内的転換をへて、中学末期の三木清は、文学志望から哲学志望へとその志をかえるのであるが、その一つの機縁として、文学書を渉猟するかたわら、友人古林厳の影響により永井潜の『生命論』、丘浅次郎の『進化論講話』をひもどき、そのことによって生命の問題にかねてから関心をよせていたことをあげている。

ところで、中学末期の三木清の志望がこのように創作家志望から哲学者志望へとかわったとはいえ、かれの志望が終始文筆家たることを志向していたことは注目に値する。「私の中学時代は、日本資本主義の上昇期で『成功』といふような雑誌が出てゐた時である。この時代の中学生に歓迎されてゐた雑誌に押川春浪の『冒険世界』があつた。かやうな雰囲気の中で、私どもはあらゆる事柄において企業的で、冒険的であつた」(「読書遍歴」『読書と人生』二三頁）とかれは回顧しているが、兵庫の片田舎の半農半商の資産家の長男三木清にとって、「冒険世界」のかなたに約束される「成功」の道はかならずしも文筆家たることにのみかぎられてはいなかったはずである。この点について、かれはつぎのように告白している。

「私は剛情で片意地であつた。それに悪いことには少し許りの才能を持合せてゐたので私は多くの人に起るやうに何にでも反対したり反抗したりして自己の才能を示さうとした。私は自分の意志することは何でも成遂げられると信じてゐた。そして私は私の注目に値した凡ての種類の人になることを次から次へと空想して行つた。政治家、弁護士、法律学者、文学者、批評家、創作家、新聞記者、哲学者……。ただ私が初めからなつてみようと思はなかつたことが二つあつた。それは商売人と軍人とである。」（「語られざる哲学」『著作集』第一巻、一八頁）

右の言葉は率直であるだけに注目に値する。おもうに、自意識過剰の秀才少年三木清にとって、「成功」という文字は、インテリゲンツィアとして名を成すことによっていろどられていたといってよい。いわゆる「インテリ」は「商売人と軍人」を軽蔑する。「インテリ」としての出世の捷径、それはまず、一高の門をくぐることである。かくて、かれは一高に入学するため兵庫の片田舎からはるばる上京する。それは大正三年（一九一四年）九月のことであった。

「高等学校の最初の二年間は私にとつて内省的な彷徨時代であつた。二年生になる時学校の規則で文学を志望するか哲学を志望するかを決定しなければならなかつたので、私は哲学と書いて出しはしたが、自分の心ではまだいづれとも決定しかねてゐた。私の気持がまとまつて、はつきり哲学をやることに決めたのは三年生の時で、その頃から私の読書の傾向も変つてきた。」（「読書遍歴」『読書と人生』三三頁）――このようにかれは回顧しているが、高等学校生活の前半、かれは主として宗教書に親しんだようである。その点について、かれはつぎのように語っている。

「中学を出ると、私はひとりぼつちで東京のまんなかに放り出された。一高に入学した私は、そこに中学の先輩といふものを全くもたなかつた。……田舎者の私は父の血をうけて、交際は甚だ不得手であつた。学校の寄宿舎で暮して、町に知つた家がなかつた私には、家庭生活の雰囲気に触れることも不可能であつた。結局私は、東京に住むやうになつてから、いつまでも孤独な田舎者であつたのである。

かうした孤独には多分に青春の感傷があつたであらう。孤独な青年が好んで趨くところは宗教である。むしろ宗教的気分といふものである。……高等学校時代を通じて私が比較的たくさん読んだのは宗教的な書物であつた。」(「読書遍歴」『読書と人生』二四―六頁)

多く接した宗教書のなかで、三木清はとくに浄土真宗の教典に心をひかれた。そしてこの時期に、かれは本郷森川町の求道学舎に近角常観の歎異鈔講義を熱心に聴きにかよった。このことについてかれは、「元来、私は真宗の家に育ち、祖父や祖母、また父や母の誦する『正信偈』とか『御文章』とかをいつの間にか聞き覚え、自分でも命ぜられるままに仏壇の前に坐つてそれを誦することがあつた。お経を読むといふことは私どもの地方では基礎的な教育の一つであつた。かうした子供の時からの影響にも依るであらう、青年時代においても私の最も心を惹かれたのは真宗である」と語っている。いずれにせよ遺稿「親鸞」にみられる親鸞上人への傾倒の素地はすでにかれの生いたちにみいだされるのであり、そしてそれが高等学校時代以来『歎異鈔』をひもどくにおよんで、しだいに顕在化していったものとおもわれる。

このように一高入学を転機として、かれの「読書の興味の中心は次第に文学書から宗教書に移つていつた」のであるが、かれはこれを「時代の精神的気流の変化の影響に依ることでもある」と説明している。この「時代の精神的気流の変化」をかれはさらに説明して、「私が直接に経験してきた限り当時の日本の精神界を回顧してみると、先づ冒険的で積極的な時代があり、その時には学生の政治的関心も一般に強く、雄弁術などの流行を見た――この時代を私は中学の時にいくらか経験した――が、次にその反動として内省的で懐疑的な時期が現はれ、そしてさうした空気の中から『教養』といふ観念が我が国インテリゲンチヤの間に現はれたのである」(「読書遍歴」『読書と人生』三一―二頁)と述べている。

三木清が中学時代から高校時代にかけて経験した「時代の精神的気流の変化」とは、端的にいえば、「明治」の時代精神と文化にかわる、「大正」の時代精神と文化の台頭ということができるであろう。「森鷗外とともに、事実上何かが終つたと私は思ふ。そして夏目漱石とともに、事実上何かが始まつたと思ふ。この意味で鷗外と漱石とが、明治から大正へかけて幾年かの間、同じ国土のうちにその生をともにしたといふことは、きはめて意味深く、鷗外と漱石とがすくなくとも何年かの間は一緒に生きてゐたといふ事実のうしろで、歴史の精神——もしそんなものがあるとするならば——が複雑な微笑を浮べてゐるやうに思はれてならぬ」(高橋義孝『森鷗外』)とは、一鷗外研究家の言葉であるが、この見解は、「明治」から「大正」にかけての時代の一般的精神状況の変化を問題にする場合、極めて示唆的であるということができよう。比喩的にいうことがゆるされるならば、鷗外とともに終ったもの、それは、「明治」の時代精神と文化であり、漱石とともにはじまったもの、それは、「大正」の時代精神と文化であった。「大正」の時代精神と文化は、あたかも「鷗外と漱石とが、明治から大正へかけて幾年かの間、同じ国土のうちにその生をともにした」ごとくに、一九一〇年代の日本を介して、「明治」の時代精神と文化に接続し、交錯している。その意味で、それは「明治」の時代精神と文化においてはらまれ、準備せられつつあったものの積極的展開であり、開花であったということができるのであるが、しかし他面、「大正」の時代精神と文化は、「明治」のそれにたいする否定の要素をふくんでいるという意味で、それは「明治」のそれと断絶面をもっているということができる。すなわち、「明治」と「大正」の時代精神と文化の接続面を強調しようとおもえば、あたかも鷗外と漱石とをひとしく「明治」の作家として評価しうるがごとくに強調しうるし、両者の断絶面を強調しようとおもえば、鷗外と漱石との相違を、あたかも鷗外と「白樺派」——その文学的系譜は漱石にある――との相違として対比しうるがごとくに強調しうるからである。

右のように、「明治」と「大正」の時代精神と文化の、接続面と断絶面とを一応みとめておいたうえで、両者の特質を類型的に対比させてみるならば、前者は、儒教倫理的「修業」という実践的概念によって、後者は、個人主義的「教養」という観照的概念によって規定されうるであろうし、あるいはまた、前者は、アジアにおける帝国主義国家の形成をめざし、そのためには一時「臥薪嘗胆」を辞さなかったナショナリズムの概念によって、後者は、「大英帝国の同盟国」たる世界の第一等国として、その「情誼」にもとづき「カイゼルの軍国主義」を懲罰する役をかってでたコスモポリタニズムの概念によって規定されうるであろう。類型的に把握された特質が右のようなものであったとするならば、「明治」の時代精神と文化にたいして、このような対蹠性をもつ「大正」の時代精神と文化は、どのような歴史的原因、物質的根拠、もしくは客観的基盤にもとづいて形成せられたのであろうか。これについて、生田長江はその『明治文学概説』のなかで、つぎのような示唆的な見解を述べている。

「日露戦争の後、（一）日本の国際的地位がともかくも安固なものになつて、半世紀に亙る憂国的緊張も幾分の弛みと疲労とを来した為め、(二) 国際的興隆が必ずしも直に国民個々の福利を意味しないことを、余りにもむごたらしく体験した為め、及び (三) 産業界の近代的展開にもとづく自由競争と生活不安とから、思ひ切つた利己主義へ駆り立てられた為め、明治四十年頃からの日本人は一体に、それまでの国家至上主義的思想に対して反動的な思想を抱き、甚だしく個人主義的自我主義的な考へ方感じ方をするやうになつた。そして斯うした新しい見地は、従前と比較にもならないほど、実に自由な実に勇敢な、実に徹底的な態度で以て外来思想を迎へ入れ、特に個人主義的自我主義的近代思想へすつかり傾倒するに至らしめたのである。」

この見解は「大正」の時代精神形成の歴史的原因にふれて、極めて示唆にとむものであるが、いわゆる「大正文化」の開花は、要約すればつぎのような条件にもとづくものであったということができるであろう。すなわち、「明治」のナショナリズムは、日清、日露の両戦争の勝利をつうじて、日本を欧米の帝国主義列強に伍する、アジアの帝国主義国家にまで形成せしめたが、しかし、それはどこまでも民衆の「臥薪嘗胆」を代償としてあがなわれたものであった。「大正」の時代精神と文化は、このような「明治」のナショナリズムにたいする反動として、大正初期の「第一次護憲運動」にはじまり、中期の「米騒動」をへて、「普通選挙法」成立をもってその全政治過程を終了する「大正デモクラシー」運動と、日本資本主義をして「中立国の経済的利益と参戦国の政治的利益」とを独占せしめたといわれる第一次世界大戦の勃発とによって、「人間の独立と自由を保証する物質的根拠と自己の文化的要求を実現させる客観的基盤」とを提供せられ、そこに形成せられたものであったということができるであろう。かくて、非政治的観照性を基調とする「教養」という概念が「大正」の時代精神と文化を特色づけるものとして登場したのである。三木清が中学時代から高校時代にかけて経験した「時代の精神的気流の変化」とは大要右のごときものであった。

「考へてみると、私の高等学校時代はこの前の世界戦争の時であつた。『考へてみると』、と私はいふ、この場合この表現が正確なのである。といふのはつまり、私は感受性の最も鋭い青年期にあのやうな大事件に会ひながら、考へてみないとすぐには思ひ出せないほど戦争から直接に精神的影響を受けることが少くてすんだのである。単に私のみでなく多くの青年にとつてさうではなかつたのかと思ふ。……あの第一次世界大戦といふ大事件に会ひながら、私たちは政治に対しても全く無関心であつた。或ひは無関心であることができた。やがて私どもを支配したのは却つてあの『教養』といふ思想である。そしてそれは政治といふものを軽蔑して文化を重んじるといふ、反政治的乃至非政治的傾向をもつてゐた、それは文化主義的な考へ方のものであつた。……

ともかく第一次世界戦争が私に直接の影響として感じられたのは、ドイツ語の本が手に入らないといふことくらゐであつた。」(「読書遍歴」『読書と人生』三三—五頁)

右のように三木清は、かれが高校時代に経験した第一次世界大戦の印象を回想している。かれはこのような風潮に規定されつつ、倉田百三の『愛と認識との出発』や阿部次郎の『三太郎の日記』を「寄宿寮の消燈後蠟燭の光で読み耽つた」のである。かれが西田幾多郎の『善の研究』に接したのは、ちょうどこのころのことであった。この「読書における邂逅」がかれの哲学志望を決定的にし、一高から京都帝国大学の哲学科へ進学するという未曾有のコースをかれに選択させたのである。かれはその事情を感激をもってつぎのように語っている。

「私が最も愛読した書物は西田先生の『善の研究』であつたが、私はそこに於て嘗て感じたことのない全人格的な満足を見出すことが出来て踊躍歓喜した。もしこれが哲学であるならば、そしてこれが本当の哲学であるべきであるならば、それは私が要求せずにはゐられない哲学であり、また情熱を高めこそすれ決して否定しないところの哲学であると私は信ぜざるを得なかつた。」(「語られざる哲学」『著作集』第一巻、二九頁)

「自分は色々と東西両大学の比較研究を始め、友人に聞き先輩に訊した。すると、これまで一高を卒業すれば当然東京の大学へ行くべきものだと極めて大ざつぱに考へてゐたものが、脆くも崩れ始めた。……自分を主として京都へひきつけたものは、西田、朝永の両教授であつたことをここに告白して置きたい。」(「友情」『著作集』第一六巻、一九四一五頁)

「京都へ行つたのは、西田幾多郎先生に就て学ぶためであつた。高等学校時代に最も深い影響を受けたのは、先生の『善の研究』であり、この書物がまだ何をやらうかと迷つてゐた私に哲学をやることを決心させたのである。」(「我が青春」『読書と人生』二頁)

右の三木清の言葉が物語っているように、一冊の書物が一人の人間の生涯を左右することがあるものである。青年三木清にとって西田幾多郎の『善の研究』はまさにそのような書物であった。しからば、西田幾多郎の『善の研究』は、何故にこれほどまでの影響力を青年三木清にたいしてもちえたのであろうか。それにはそれ相応の理由があるはずである。青年三木清が一体どのような『善の研究』の読み方をしたかつまびらかではない。しかしかれが、「そこに於て嘗て感じたことのない全人格的な満足を見出」したということ、それと、軌を一にするがごとくに、当時の青年知識階層の多くを魅了しさった倉田百三の『愛と認識との出発』が赤裸々に吐露している『善の研究』にたいする全人格的な感激と感銘とは、その影響力の秘密が那辺にあったか推測させるにたるものである。

ちなみに、倉田百三が吐露した『善の研究』にたいする全人格的な感激と感銘とはつぎのようなものである。

「ある日、私はあてなきさまよひの帰りを本屋に寄つて、青黒い表紙の書物を一冊買つて来た。その著者の名は私には全く未知であつたけれど、その著書の名は妙に私を惹きつける力があつた。

それは『善の研究』であつた。私は何心なく其の序文を読みはじめた。しばらくして私の瞳は活字の上に釘付けにされた。

見よ！

個人あつて経験あるにあらず、経験あつて個人あるのである。個人的区別よりも経験が根本的であるといふ考から独我論を脱することが出来た。

とあり〳〵と鮮かに活字に書いてあるではないか。独我論を脱することが出来た⁉　此の数文字が私の網膜に焦げ付くほどに強く映つた。

私は心臓の鼓動が止まるかと思つた。私は喜こびでもない悲しみでもない一種の静的な緊張に胸が一ぱいになつて、それから先きがどうしても読めなかつた。私は書物を閉ぢて机の前に凝と坐つてゐた。涙がひとりでに頬を伝つた。……

……この書物は私の内部生活にとつて天変地異であつた。此の書物は私の認識論を根本的に変化させた。そして私に愛と宗教との形而上学的な思想を注ぎ込んだ。深い遠い、神秘な、夏の黎明の空のやうな形而上学の思想が、私の胸に光のごとく、雨のごとく流れ込んだ。そして私の本性に吸ひ込まれるやうに包摂されてしまつた。」（『愛と認識との出発』一一一―三頁）

倉田百三の感激と感銘とをもって綴られた『善の研究』との邂逅風景は右のようなものであったが、「自分はどれほどの興奮を以て、西田教授の『善の研究』を読んだことであらう」と洩らした青年三木清の「全人格的な満足」も、ほぼこれににたものであったとおもわれる。「思索などする奴は緑の野にあつて枯草を食ふ動物の如しとメフィストに嘲らるゝかも知らぬが、我は哲理を考へる様に罰せられて居るといつた哲学者（ヘーゲル）もある様に、一たび禁断の果を食つた人間には、かゝる苦悩のあるのも已むを得ぬことであらう」、とは『善の研究』の序文に見出される言葉であるが、青年倉田百三、三木清に「全人格的」な感銘と感動をあたえたものは、『善の研究』にみなぎる全人格的全生命的なひたむきなフィロゾフィーレンの姿であったとおもわれる。『善の研究』において考案せられ、以後、この哲学の形成と展開を基本的に制約するにいたった基礎概念「純粋経験」は、この哲学者の不断の「打坐」による禅の基礎体験と直接にむすびついたものであり、したがってそれは、禅体験の論理的表白ともいうべき性格をもっていたのであるが、この哲学者のフィロゾフィーレンを終始規制したものはこのような禅の修行僧にも似た「悪戦苦闘」の不断のアスケーゼであった。西田幾多郎に接続する倉田百三、三木清の世代がそこに「全人格的」な共鳴と共感をみいだしたことは、西田幾多郎のフィロゾフィーレンに具現された、このような人間形成のあり方がひとり西田幾多郎個人のものではなく、程度の差こそあれ、当代のインテリゲンツィアにつうずるものであったことを物語っている。しからば、西田幾多郎、三木清の世代につうずる、このような近代日本のインテリゲンツィアの人間形成のあり方は一体何に由来し、何に根拠をもつものであったのであろうか。

　総じて、近代社会における自由とは、社会の構成員である市民個々人が、みずからの意志にもとづいて、かれらがそこにおいてある社会を主体的に再編成し再構成しうる自由であり、その大規模な社会的実現が、史上、ブルジョア民主主義革命といわれているものにほかならない。ところが、日本の場合、自由民権運動の敗北によってブルジョア民主主義革命勢力は大幅に後退することを余儀なくされた。むしろ端的にいって、絶対主義的国家権力によるその制圧、それをつうずるその上からの吸収によって近代社会の基礎が確立された。したがって、明治二〇年代以降のわが国近代社会においては、市民個々人の自由の行使は、絶対主義的国家権力と抵触しないかぎりにおいてのみ容認されるものとなったし、したがって、市民個々人の健全かつ自由な自我形成の途もおのずと遮断されざるをえなくなった。かくて、絶対主義的国家権力に正面きって戦をいどみ、それにたいしなかば絶望的に激突するか、それとも、国家権力によっておしつけられた社会的制約を単に外面的な制約と観念することによって、いわば、それを超脱した内面的でかつ私的な思索と体験の場面において、つまり、現実の国家社会に背をむけた形で、「悪戦苦闘」の自虐的な自我形成に従事するか、この二つの途のいずれかを近代日本のインテリゲンツィアはえらぶことを余儀なくされるにいたったといえよう。日清戦争以降、わが国思想界の主流思潮となるにいたった精神主義的風潮は、まさに後者をえらんだ知識階層によってになわれ、かつ形成されたものであった。明治三三年（一九〇〇年）、人格主義的立場からの倫理思想の再建をうたい、「丁酉懇話会」からの改組をつうじて結成された「丁酉倫理会」のごときは、このような精神主義的風潮の台頭を物語り、それに棹さしたものであった。井上哲次郎、姉崎嘲風によってショーペンハウエルの哲学が紹介され、高山樗牛によってニーチェ主義が唱道されたのは、このような状況下であった。『善の研究』において表白された西田幾多郎のフィロゾフィーレンを特色づける禁欲的な自己強制のごときも、このような一連の精神状況の産物であり、それを反映したものであったということができる。大正期におけるショーペンハウエル、ニーチェ、オイケン、ベルグソン等々の一連の「生の哲学」（Lebens-philosophie）の普及は、このような風潮を継承するものであったのである。このような思想史的背景を設定するとき、青年倉田百三、三木清が西田幾多郎の『善の研究』に「全人格的」な感動と共感をおぼえたこともうなずけることである。つまり、『善の研究』と『愛と認識との出発』は相接続しうる共通の精神史的基盤に立脚したものであったのである。『善の研究』から『愛と認識との出発』への過程は、日本資本主義の上昇の波にのって、日本のプティ・ブルジョア知識階層が民衆から脱出する方向で日本的近代的自我を形成してゆく過程をしめしている。けだし、「成功する」ということは、民衆から脱出するということの別名であり、天皇制的支配機構のなかへみずからを編入せしめてゆくことにほかならなかったからである。

ただ、『善の研究』と『愛と認識との出発』は相接続しうる共通の精神史的基盤に立脚しながら、しかもつぎのような精神状況の相違を内包していた。すなわち、明治の中葉、自己の哲学の骨格を形成した西田幾多郎の場合は、日本の「前途の遼遠」をおもう憂国の念にもとづいて、旅順陥落の報に酔う民衆を「浮薄なり」ときめつける、まさに「三軍を叱咤する」ナショナリスティクな気概があった。その禁欲的精神主義にもとづく日本的近代的自我形成のための努力こそ、「臥薪嘗胆」の「富国強兵」政策の強行によって、アジアにおける帝国主義国家を形成しようとする絶対主義天皇制権力が、官学イデオローグに課した強制、いうならば、それをどこまでもエリット意識をもってひきうけた官学イデオローグにおける一種の自己強制であったのであり、しかもその「悪戦苦闘」の自虐的アスケーゼによってのみ、みずからを天皇制国家の智能官僚として編入せしめてゆくことが可能であったのであるが、それによってひとたび軌道が設定せられるや、大正期の後続部隊はもはや、「悪戦苦闘」なしに、その軌道の上を前進し、続々とみずからを天皇制的支配機構のなかへと編入せしめてゆくことが可能となったのである。したがって、さきには「悪戦苦闘」のアスケーゼの論理的表白たらざるをえなかったものが、いまは甘美なる苦悩の綿々たる吐露で済まされえたのである。というよりは耽美的な自己陶酔たりえたのである。このことは『善の研究』の段階で翹望されていたものが、『愛と認識との出発』の段階で現実のものとなったということにほかならぬ。『愛と認識との出発』や『三太郎の日記』が、非政治的観照性を基調とする「大正文化」の花園のうちで、ひときわ当代の青年知識階層の心を魅了しさったゆえんも、そして青年倉田百三、三木清が『善の研究』にたいする「全人格的」な感動と感銘をやすんじて表明しえたゆえんも、またここにあったということができるのである。

ともかく、三木清にとって西田幾多郎の『善の研究』はかれの生涯を左右する決定的な書物となった。志望を哲学に決定した三木清は、以後、積極的に哲学の勉強に精だすにいたった。高校三年にすすんだとき、かれはみずから先頭にたって哲学の読書会を組織し、ヴィンデルバンドの『プレルーディエン』のなかの「哲学とは何か」を哲学の速水滉教授に講読してもらっている。「大学へ行ってから哲学を専攻する者は高等学校時代には論理と心理とをよく勉強しておかねばならぬ」と一般にいわれていたせいもあり、かつ速水教授の指導もあって、三木清はとくに心理学と論理学をまなんだ。岩波の『哲学叢書』の一冊として刊行された速水滉の『論理学』は、一高における哲学の教科書であった。かれも述べているように、かくて、三木清の「哲学の勉強は岩波の哲学叢書と一緒に始まつたのである。」

ここで大正四年（一九一五年）以降、岩波書店から刊行されるにいたった『哲学叢書』が大正期から昭和にかけてはたした役割、それによって告示される日本の哲学界の状況について述べておかねばならぬ。『哲学叢書』は、波多野精一、西田幾多郎、朝永三十郎、大塚保治、夏目漱石、桑木厳翼、三宅雪嶺を顧問とし、紀平正美、田辺元、宮本和吉、速水滉、安倍能成、阿部次郎、石原謙、上野直昭、高橋里美、高橋穣を執筆者として刊行されたものであるが、その内容は一、二をのぞいて、ほとんど新カント学派を中心とする当代のドイツ・アカデミーの哲学概説書の訳述・翻案以上のものではなかった。しかし、それは版をかさねて一般知識階層にたいする「哲学」の普及、とりわけ、新カント学派の哲学を中心とする近代ドイツ哲学の普及に甚大な貢献をするにいたったのである。ところで、『哲学叢書』がこのような広汎な販路を獲得しえたについては、それ相応の理由があったのである。それは『哲学叢書』の理論的典拠ないし原典であった新カント学派の哲学が広汎に受容されうる物質的根拠と客観的基盤が当代のわが国において形成せられ、かつ準備せられていたからである。新カント学派の哲学は、ビスマルクによる国家統一をつうじて、先進資本主義国イギリス、フランスを急追しつつ飛躍的発展をとげつつあった後進資本主義国ドイツの、中産階層の哲学として形成せられ展開せられたものであり、ときあたかもドイツの地において、新カント学派の認識論哲学、とくに、西南学派の価値哲学の全盛時代にあたっていた。このような歴史的位置と性格をもつ新カント学派の哲学にとって、大正期のわが国は恰好の普及の地であった。何故なら、日清・日露の両戦争をつうじて、世界帝国主義列強に伍する帝国主義国家として、みずからを形成し、進展せしめつつあった当代のわが国において、中産的知識階層はその広汎な需要に応じて産みだされつつあり、したがって、後進資本主義国の中産階層の理想主義の哲学として、新カント学派の認識論哲学を受容する物質的根拠と客観的基盤は、すでに用意せられていたということができるからである。事実、一哲学史家が述べているごとく「ドイツ新理想主義の哲学の輸入は、まさしく大正初期の風潮となつた。京都大学の哲学科は、明かに此の風潮の本源であつた。桑木厳翼氏のカント研究、西田幾多郎氏独得の新理想主義哲学の発表、更に田辺元氏等の認識論的研究——これ等は明かに大正時代の新風潮を進んで造り出した本源であつた」(金子筑水「明治時代の哲学及倫理」)のである。朝永三十郎の『近世に於ける「我」の自覚史』(大正五年・一九一六年)、桑木厳翼の『カントと現代の哲学』(大正六年・一九一七年)、西田幾多郎の『現代に於ける理想主義の哲学』(大正六年・一九一七年)、田辺元の『科学概論』(大正七年・一九一八年)のごときは、いずれもこのような過程における所産であった。新カント学派の哲学、とくに西南学派の価値哲学は、「事実判断」と「価値判断」とを峻別することによって、「価値」を超越的なものと規定し、そのことをつうじて大正期における、いわゆる「教養主義」「文化主義」に基礎づけの論理を提供し、大正中期から末期にかけて日本におけるその全盛時代を現出したのである。新カント学派の哲学を理論的典拠ないし原典とする岩波の『哲学叢書』が広汎な販路を獲得しえたについては、右のような思想史的背景があったのである。

『哲学叢書』の刊行とともに哲学の本格的勉強を開始した三木清は、大学、大学院時代をつうじて、主として新カント学派的問題意識にみちびかれて哲学の研究をすすめた。かれが新カント学派的問題意識を清算するのは、ドイツに留学して直接ハイデッガーに師事するにおよび、それまで西田幾多郎の影響という形でかれの思想の底流をなしていた「生の哲学」のモティーフが喚起されて以降のことであった。

大正六年（一九一七年）七月、三木清は第一高等学校を卒業、同年九月、京都帝国大学文学部哲学科に入学した。同年七月のはじめ、高等学校の業を終えて帰省する途次、かれは速水滉教授の紹介状をたずさえ、洛北田中村に西田幾多郎をたずね、カントの『純粋理性批判』の原典を借用して帰った。終生かわることのない師弟の交わりはこのときにはじまる。

「当時の京都の文科大学は、日本文化史上における一つの壮観であるといつても過言ではないであらう。哲学の西田幾多郎、哲学史の朝永三十郎、美学の深田康算、西洋史の坂口昂、支那学の内藤湖南、日本史の内田銀蔵、等々、全国から集つた錚々たる学者たちがその活動の最盛期にあつた。それに私が京都へ行つた年に波多野精一先生が東京から、またその翌年には田辺元先生が東北から、京都へ来られた。この時代に私は学生

であつたことを、誇りと感謝なしに回想することができない。」(「我が青春」『読書と人生』四―五頁)

右のよう三木清は語っているが、当時は学生の数もすくなく、秀才のほまれたかい三木清は、ことのほかこれらの教授に可愛がられたようである。かれは「書物からよりも人間から多く影響を受けた、もしくは受けることができた」よき時代に大学時代を送りえたのである。

大学時代に三木清がもっとも大きな影響と感化をうけたのは、いうまでもなく西田幾多郎であった。かれが京大に入学した大正六年の秋、『自覚に於ける直観と反省』が単行本として刊行されている。この書物は西田哲学の形成史上一時期を画する問題作であるが、この時期はまさに西田幾多郎の「思索生活における悪戦苦闘の時代」であった。学生三木清は、この時期の西田幾多郎において思索に「憑かれた人の姿」をみ、いやがうえにも哲学への情熱を駆りたてられたようである。『自覚に於ける直観と反省』が近代日本哲学史上有する意義についてはすくなからぬ問題があるにしても、自己の哲学の創造期にあった西田幾多郎が有形無形に周辺の青年学徒にあたえた影響力にはすさまじいものがあったとおもわれる。中心に位する思想家の活力が周辺にいる若い学徒の活力をよびおこし、それら相互の連鎖反応という形で、精神的な事業が飛躍的に前進せしめられる時期が思想史のうえで散見されるものであるが、大正中期から昭和初頭にかけての西田幾多郎はそのような役割をはたしつつあったということができる。総じて、学派なるものはこのようにして形成されるものであるが、ここに西田幾多郎を中心とする京大哲学科の、いわゆる「京都学派」として固定化し形骸化する以前の若々しい姿があったといえよう。

この時期の西田幾多郎は、『自覚に於ける直観と反省』で『善の研究』においてうちだされた自己の哲学の思弁的体系化の端緒をつかむとともに、他面、海外の新哲学思潮の移植と紹介にも精力的に従事した。西田の場合、自己の哲学の思弁的体系化の営みと海外の新哲学思潮の紹介の手続とは決して分離した作業ではなかったのではあるが、『思索と体験』(大正四年・一九一五年)、『現代に於ける理想主義の哲学』(大正六年・一九一七年)は、後の系列に属するものであった。西田はここで、カントからヘーゲルにいたるドイツ理想主義の哲学をはじめ、西南学派やマールブルグ学派の新カント学派の哲学、さらにベルグソンの生の哲学、マイノングの対象論、ブレンターノの心理学、ロッツェの論理学、フッサールの現象学等々を紹介した。大学時代の三木清は、新カント学派の哲学を中心に、西田幾多郎によってつぎつぎに紹介される新思想を追いかけるようにして繙読した。「何を特別に勉強したといふほどのことはなく、ただ西田先生の後を追ふていろいろの本を読んだといふのが、大学時代三年間における私のおもな勉強であつた」と三木清は語っている。

三木清は西田幾多郎についで、宗教学の波多野精一から深甚な影響をうけた。かれは波多野によって歴史研究の重要性を教えられ、とくに西洋哲学をまなぶ場合、ギリシア哲学とキリスト教の研究が不可欠であることを教えられた。「私は考へ方の上では西田先生の影響を最も強く受け、研究の方向においては波多野先生の影響を最も多く受けてゐることになるやうに思ふ。私の勉強が歴史哲学を中心とするやうになつたこと、或ひはアリストテレスなどの研究に興味をもつやうになつたこと、またパスカルなどについて書くやうになつたことは、その遠い原因は波多野先生の感化にあるといへるであらう」(「読書遍歴」『読書と人生』四八頁)と三木清は語っている。

そのほか、かれは田辺元をつうじてドイツ理想主義の哲学についての理解をふかめ、またケーベルの教養思想の純粋な継承者の一人である美学の深田康算において真の教養人に接することをえた。

このように大学時代の三木清は、全体として新カント学派的問題意識のもとに、これらのひとびとをつうじてひろく西洋哲学をまなんだが、他方、一般思潮の面でも、高等学校以来の「古典派乃至教養派」として大正ヒューマニズムを全面的に享受した。かれは一高の後輩で京大の哲学科にきていた谷川徹三らをつうじて一時「白樺派」にも接近している。いずれにせよ、「哲学に於てカントが私の師であつたやうに芸術に関してはゲーテが私の師であつた」と語りえた青年三木清は、大正文化の花園のうちで幸福な高校・大学生活を送りえたのである。

しかしながら、日本資本主義が第一次世界大戦への介入によって、「中立国の経済的利益と参戦国の政治的利益」の独占を謳歌しえたのもつかの間、大正九年（一九二〇年）には、その全般的危機を告げる恐慌にはやくも見舞われるにいたった。このような情勢は必然的に思想界にも反映した。この事情を三木清はつぎのように述べている。

「しかしその頃、私が学園で平和な生活を送つてゐる間に、外の社会では大きな変動が始まつてゐた。あの第一次世界戦争を機会として日本の資本主義は著しい発展を遂げたが、私の大学を卒業した大正九年は、それが未曾有の大恐慌に見舞はれた年として記憶される年である。このやうな変化に応じて思想界にも種々新しい現象が現はれた。大正七年の末、東大にも新人会といふ団体が出来た。『改造』――すでにこの名が当時の社会にとつて象徴的である――が創刊されたのは大正八年のことであつたと思ふ。同じ年にまた長谷川如是閑、大山郁夫氏等の『我等』が創刊されている。主として『中央公論』によつた吉野作造博士の活動が注目された。これらの雑誌は私も毎月見てゐたので、或る大きな波の動きが私にもひしひし感じられた。京都はまだ比較的静かであつたが『貧乏物語』で有名になられた河上肇博士が次第に学生たちの注意を集めてゐた。」（「読書遍歴」『読書と人生』五七―八頁）

これらの思想界における新しい現象は、「米騒動」以降の日本資本主義の全般的危機の実相を反映した、「大正デモクラシー」運動の尖鋭化、とくに、その担い手であった労働階級を中心とする革命的人民層の組織化をつうじての、社会主義運動、労働運動の飛躍的成長に対応するものであった。大正九年（一九二〇年）の「大日本労働総同盟」の誕生、それを母胎とする日本における最初のメーデーの挙行はその徴表であったということができる。

しかし、三木清はこのような社会情勢の推移にたいして「無関心ではなかつたが、その中に入つてゆく気は生じなかつた。」かれは「なほ数年間、いはば嵐の前の静かな時を過したのである。」

大正九年（一九二〇年）五月、三木清は「個性について」を「哲学研究」（京都大学哲学会機関誌）に発表、同年七月、卒業論文「批判哲学と歴史哲学」を提出、京都帝国大学を卒業したが、そのまま大学院に籍をおき、大正一一年（一九二二年）五月、ドイツへ留学するまで歴史哲学の研究を続行した。その間、大正九年九月には卒業論文「批判哲学と歴史哲学」を、大正一〇年（一九二一年）四月には「歴史的因果律の問題」を、大正一一年一月には「個性の問題」を、それぞれ「哲学研究」誌上に公けにしている。これら一連の論稿は、有限なる「個性」の、神の世界計画としての世界歴史への参与はいかにして可能であるかの問いに終始している。

「永遠なる理念は如何にして現実の中に堕して来るか、普遍妥当的な価値は如何にして個性のうちに実現されるか、これが我々の根本問題である。」

「理念の個性化といふことが保証されるならば、人類の歴史的活動の理想として種族全体によつて実現さるべき普遍妥当的な価値は、また個人の文化的活動の理想として、自己を個々の人格のうちに各独自な仕方で実現させることが出来る。かくてこそ初めて、歴史全体の意味も、個性の価値も、絶対的に確立され得るのである。即ちここでも我々の最後の問題は、理念は如何にして自己を個性化するかといふことである。」(『批判哲学と歴史哲学』)

「一切の歴史的個性は絶対的個性なる神に対して真に内面的なる、個性的なる関係に立つてゐるのである。しかのみならず特殊的個性と特殊的個性との関係を個性的、内面的ならしめるものはまた、両者に対して個性的、内面的関係にある普遍的個性としての神である。神の観念こそ歴史的事象の一回的個別的関係の必然性を基礎付け得る最後のものである。……神の統治の内容、神の計画の実行、それが世界歴史である。」

「我々は歴史的因果律の概念を最も一般的に、普遍的個性が特殊的個性を規定することとして定義し得ようかと思ふ。……歴史的個性は、個人にせよ、国家にせよ、または民族にせよ、神に対しては等しく特殊的個性であると考へられる。……個人は神の無限なる価値内容の実現に積極的消極的に、意識的無意識的にあづかる限りに於て歴史的個性としての意義を獲得する。歴史的事象の関係が個別的内面的に必然的であり得るのは実にそれが価値実現の過程であるがためである。価値実現の過程の継起関係は因果法則の如き外面的な普遍関係によつて成立するのでなく、個別的にしてしかも内面的必然的なる結合をなすのである。」(「歴史的因果律の問題」)

「我々は自由の高き調和、叡智的性格の永遠なる共同の世界を考へて来た。価値の宇宙の斯くの如き構成が可能であるためには、理念の無限なる個別化、或ひは何故に絶対完全の価値主体たる神が自己を制限して無数の個体に別れるかが説明されねばならない。然るにこのことたる、固より知識の立場からは断念さるべきである、我々はただそれを神の無限なる愛としてのみ理解することが出来る。我々は神の愛によつて独立なる個性として存在し得るのである。経験的と個別的、超験的と普遍的とを同一視する思想から解放されて、理念そのものを個別的とみるところの叡智的性格若くは超験的個性の観念が設定されて初めて個性の基礎付けは可能となる。」

「叡智的性格は人類の理念のうちに成立する。叡智的性格が天才に於て実現されたやうに叡智的性格の体系は歴史に於て実現される。歴史とは与へられた自由の世界である。神的なるものは歴史に於てその皮殻を脱する。歴史は神の国の声ある神秘である。」(「個性の問題」)

右が大学時代から大学院時代にかけて、青年三木清が情熱を傾けて研究した歴史哲学の内容であり、結論であった。それは「個性」概念を基本範疇とする歴史の形而上学であり、汎神論的世界構想であり、いうならば世界計画を主宰する神への讃歌である。ここで注意さるべきは、「普遍」(das Allgemeine)(＝神・人類)と「個別」(das Einzelne)(＝有限なる個人)とを媒介すべき「特殊」(das Besondere)(＝民族・国家・社会)の契機が決定的に脱落し無視されているということである。ここに、大正期を風靡したコスモポリタニズムの哲学的結晶化をみることができるであろう。青年三木清の「個性」にかかわる耽美主義的性向、および哲学青年にありがちな稚気と衒気など考慮にいれるにしても、この時期のかれにおいて、当代の「教養」思想ないし「文化」思想の一標本、ならびにその担い手であるプティ・ブルジョア青年知識階層の意識のありようをうかがい知ることができる。「教養」思想が、三木清のいうように「反政治的乃至非政治的傾向をもつた文化主義的な考へ方のもの」であったゆえんはここにある。事実、このような発想からは社会や政治の問題はでてこようにもこようがないからである。「阿呆らしい」といってしまえばそれまでだが、この「阿呆らしい」ことに有為な青年のエネルギーが賭けられた時代が大正時代なのであり、そしてまた、それによって形成せられ、同時にそれを可能ならしめたものが、大正の「教養」主義的「文化」主義的時代思潮であったのである。

新カント派からハイデッガーへ

三木清は、大正一一年（一九二二年）五月、京都大学はじまって以来の「空前の秀才」というふれこみとともにドイツへ留学した。留学の費用は、波多野精一の口利きで岩波茂雄が出資したという（安倍能成『岩波茂雄伝』）。滞在の地は、まずハイデルベルクが選ばれた。その地には日本人留学生として、すでに羽仁五郎、大内兵衛、石原謙、糸井靖之、久留間鮫造らがいた。「ハイデルベルクに行ったのは、この派の人々の書物を比較的多く読んでゐたためであり、リッケルト教授に就いて更に勉強するためであった。」「京都以来の論理主義」の時代がここにはじまる。三木はこの地でとくにマックス・ウェーバー、エーミル・ラスクに関して多くをまなんだ。やがて、かれはリッケルトの自宅における哲学のゼミナールで、カール・マンハイム、オイゲン・ヘリィゲル、ヘルマン・グロックナーらの新鋭の少壮学徒と机をならべることになったが、「ドイツ語はあまり上手でないのに、断然頭角を現わした。」かれはこの頃の日本人留学生としてははじめて、ゼミナールで報告をおこなった。今日のこされている草稿 ,,Die Logik der individuellen Kausalität"(「個別的因果性の論理」)、,,Wahrheit und Gewissheit"(「真理性と確実性」)は、一九二二―二三年(大正一一―一二年)の冬―夏学期にリッケルトのゼミナールで、また、,,Der Objektivismus in der Logik"(「論理学における客観主義」)は、一九二三年の夏学期にヘリィゲルのゼミナールで、それぞれおこなった報告の要旨である(ヘリィゲルのゼミナールにおける報告「論理学における客観主義」は、のちに筆を加えられて「ボルツアーノの命題自体」として「思想」誌上に発表された)。

一九二三年(大正一二年)五月二七日、三木清は、リッケルトの紹介によって「フランクフルタア・ツァイトゥング」に、,,Rickerts Bedeutung für die japanische Philosophie"(「リッケルトの、日本の哲学にたいする意義」)と題する論文を掲載した。この論文は、リッケルトによって代表される「西南学派」の価値哲学の影響下に、哲学の本格的研究の段階をむかえるにいたった日本の哲学界の現況と、それまでにいたる近代日本における哲学研究の足跡を西田幾多郎の哲学を中心に概括的に紹介し、あわせてリッケルトならびにドイツ哲学に敬意を表したものである。そのなかで、三木は日本においては思想なり学問なりがそれ自身の立場に立脚するようになることが極めて困難であった事情を紹介し、その理由として、日本人の伝統的世界観であった「仏教的、自然主義的汎神論」(der buddhistische, naturalistische Pantheismus) がおよそ「歴史的生活」というものに、ほとんど何らの価値をみとめなかったこと、および「久しく支配してきた天皇制的絶対主義が客観的な歴史研究をさまたげてきた」(der lange herrschende kaiserliche Absolutismus objektiver historischer Forschung im Wege stand) ことの二つをあげ、しかし、最近の政治的経済的発展、ならびに西洋の影響によって、ここに根本的な変化がもたらされ、以後、日本人はおのが民族の隠された過去をあかるみにだすまでに成長するにいたったと述べている。

三木清がこのようなラディカルな見解を公表したのは、おそらくこれが最初にして最後のものとおもわれるだけに、この発言は注目に値する。しかし、留学前の「古典派乃至教養派」としての三木清を知っているわれわれには、この発言は唐突に映らざるをえない。というのも、日本の国内ではこのような見解を公表しうる自由はとうていみいだせないがゆえに、日本の官憲の手のとどかない異国へくるのをまって、その見解を公表したほど、もしくは公表することを必須と考えたほど、この段階の三木清の問題意識が尖鋭化していたとは考えられないからである。したがって、この三木の発言をどのように評価するかについては若干の困難がともなわざるをえない。しかし、つぎのようにいって大過ないのではあるまいか。すなわち、第一次世界大戦後の経済恐慌がもたらした日本社会の変動、それに触発された進歩的知識階層の動向に「無関心ではなかつたが、その中に入つてゆく気は生じなかつた」留学前の三木清も、異国にあって近代日本における哲学の運命について思いをめぐらし、その来し方行く末を真摯に検討しているうちに、必然的に天皇制の壁にぶつかり、それこそが哲学のみならず、学問研究の障害になっていることを確認するにいたり、場所が異国でもあり、かつまた異国語で発表するという安心感も手伝って、思索の結果を卒直に綴ったに相違ない。三木の「フランクフルタア・ツァイトゥング」における発言は、大要、右のようにとらえて大過ないのではあるまいか。ともあれ、留学中の三木清がこのような結論に到達したということは重要である。というのは、このような社会的認識への到達は、帰国後、かれがまきおこす「嵐」の前兆を物語るものにほかならなかったからである。

ハイデルベルクの生活一年にして、一九二三年（大正一二年）の秋、かれはマールブルクへ移った。ハイデッガー教授に就くためであった。この地にはニコライ・ハルトマン教授もいた。ハルトマルの「認識の形而上学」（Gnoseologie）は「主観主義の哲学から入つてラスクの研究によつて次第に客観主義に傾きつつあつた時分」のかれには「非常に新鮮で面白く感じられたが、ハイデッゲルの影響を強く受けるやうになつてから、ハルトマン教授の立場にはあまり興味が持て」なくなり、この地では「殆ど純粋にハイデッゲル教授の影響を受け容れ」るようになった。と同時に、ディルタイの著作を熱心にひもどくにいたった。このハイデッガーとの邂逅、ディルタイへの接近は、西田幾多郎の影響という形でそれまで三木の哲学研究の底流をなしていた「生の哲学」のモティーフを喚起するにいたった。かくて三木清は、「認識論」から「存在論」へ、いいかえれば「有」の論理主義的客観主義から「無」の実存哲学ないし「生の存在論」へと転回していったのである。かれは、ハイデッガーとの邂逅、ディルタイへの接近によって喚起され、かつ形成されるにいたったかれの問題意識を、マールブルクからハイデルベルクの友人あてにつぎのように書き送っている。

「私には広い意味での文明批評としての哲学、正しい意味での „Philosophie des Lebens" が次第に切実な問題になって来る。ドストエフスキーの謂ふ „lebendiges Leben" が哲学に於ても問題とならねばならぬ。具体的な生を分析することによつて生の新しい可能性を捉へて来なければならぬ。Leben の Interpretation が哲学の中心問題である。」

「私は一般に歴史の問題は歴史科学に重心をもつてゐるのではないと思ふ。歴史は直に歴史科学ではない。私達にとつて重要な問題となるのは存在の歴史性と云ふことである。私達の世界はその根本構造に於て歴史的性質を担つてをる。或は歴史性と云ふことは存在そのものの基本的構成的範疇である。従つて歴史は歴史科学の認識論として問題になる前に存在の解釈そのもの丶問題とならねばならぬ。私達の住む世界が既に歴史性をもつてゐるが故に、ヒストリスムスの問題は単に科学批判以上の Ernst をもつた事柄になるのである。それは退引ならぬ Leben の問題である。」

「科学の批判の最初の問題は科学の真理性の基礎づけにあるのではなく、却て学問と生そのものとの関係の研究にある。学問は生のひとつの可能性にすぎない。私達は生そのもの丶中に与へられる学問の可能性、認識の根本前提を生の分析に依つて明らかにせねばならぬ。」

「私は精神科学の基礎としてのアントロポロギーの問題に就て考へてみる。」（一九二四年五—七月、羽仁五郎あて書翰）

これらの言葉は、いわゆる「三木哲学」の原型が、このマールブルク時代に芽生えたものであることをしめしている。パスカル論も、「唯物史観」の解釈も、そしてまた『歴史哲学』も、すべてこの「生のアントロポロギー」の立場から展開されたのである。

このような問題意識から、マールブルク時代のかれは、「ドイツ青年学生の精神的雰囲気を作つてゐたヘルデルリンを初めニイチェ、キェルケゴール、ドストイェフスキーなどに深い共感をもつて読み耽」った。このような戦後不安の思想にふれつつ、かれは敗戦国ドイツの惨状をまのあたり目撃した。しかし、「ドイツ人の不幸は私ども留学生の幸福であつた」と語りえた日本人留学生三木清は、ラーン河畔の「田舎の小さい大学町」マールブルクで、迫りくる「嵐の前の静かな時」、しかも「一生のうち最も静かな、落着いてゐた」一年間を送ることができた。かれはハイデッガーのすすめにより、とくにアリストテレェスの研究にうちこんだのである。

それから三転、一九二四年（大正一三年）の八月、かれはパリへ向った。「長く滞在するつもりはなかつたので、……今度は大学に席を置かなかつた。」かれはベルグソン、テーヌ、ルナンなどを研究したり、アナトール・フランスの小説をしきりに読みあさるかたわら、

「小学校の女の先生を頼んでフランス語の日用会話の勉強を続けた。」そうしているうちに、かれは「ふとパスカルを手にした。」「さうだ、パスカルについて書いてみよう」とかれはおもいたったのである。かれの脳裏にはハイデッガー教授からまなんだ「解釈学的方法」(hermeneutische Methode)や、「マールブルクにおけるキェルケゴール、ニーチェ、ドストイェフスキー、バルト、アウグスティヌス、等々の読書が今は活きてくるやうに感じられた。『パンセ』はかれの「枕頭の書」となった。「夜更けてこの書を読んでゐると、いひしれぬ孤独と寂寥の中にあつて、ひとりでに涙が流れてくることも屢々あつた。」かれは「パスカルと生の存在論的解釈」(単行本『パスカルに於ける人間の研究』に収録するにあたり、「人間の分析」と改題)を脱稿、「かやうなものが哲学の論文として受取られるかどうかについて不安を感じながら、……それを『思想』に送つた。」そして一連のパスカル論をつづけて書いていった。これらが今日、われわれが手にするかれの処女作『パスカルに於ける人間の研究』(一九二六年・大正一五年六月)の原形である。かれは本書の「序」で、かれの問題意識、方法についてつぎのように述べている。

「惟うにアントロポロジーは単に我々が自覚的に生きるために必要であるばかりでな

く、すべて他の学問、所謂精神科学或は文化科学と呼ばれてゐる学問の基礎であるであらう。少くとも私はこのやうな確信からパスカルの研究を志したのである。」

「『パンセ』に於て我々の出逢ふものは意識や精神の研究でなくして、却て具体的なる人間の研究、即ち文字通りの意味に於けるアントロポロジーである。アントロポロジーは人間の存在に関する学問である。それはこの存在に於てそれの『存在の仕方』を研究する。我々は斯くの如き学問を一般に存在論と名附けるが故に、アントロポロジーはひとつの存在論である。『パンセ』を生の存在論として取扱はうとすることは私の主なる目論見であつた。」

「私はパスカルを解釈するにあたつて意識的にひとつの方法を用ゐた。それを最も平易な形式で現はせば斯うである。概念の与へられてゐるところではそれの基礎経験を、基礎経験の与へられてゐるところではそれの概念を明らかにするのが解釈の仕事である。……経験を概念に於て、概念を経験に於て理解することが私の解釈の方針であつたのである。」

右の言葉がしめしているように、本書は『パンセ』を「生の存在論《アントロポロギー》」とする、ディルタイ＝ハイデッガー流の「解釈学的存在論」(hermeneutische Anthropologie) 的方法の所産である。かくて、マールブルク時代に自覚化された「生の存在論」の構想は、一段と具体化されるにいたった。ここから「人間学のマルクス的形態」への道はまっすぐである。

一九二五年（大正一四年）一〇月、三木清は三年間にわたる留学を終えて帰国した。

人間学のマルクス的形態

昭和四年（一九二九年）六月、刊行された『史的観念論の諸問題』の「序」で三木清はつぎのように述べている。

「近来マルクス主義思想の普及と共にもともと『非歴史的』な見方を習としてゐたこの国の人々の思惟にも歴史の理論が重要な問題のひとつとなるに到つた。このとき従来の観念論がこの問題を如何に提出し、如何なる方法によつて、如何に解決しようと企てたかを一応理解することは、あながち無駄ではないであらう。然るに我々はこの方面に関する文献を今日なほ殆ど全くもつてゐない。これが私をしてこの書を編むにいたらしめた動機のひとつであつた。然しながらそれの更に重大なる動機は他のところにある。私はこの書と共に私の過去を決算しようと思ふ。人間は彼の生涯に於て幾度か、彼の過去が自分のものでなく寧ろ他人のものであるかの如くに見える時機を経験する。いな、彼は時として彼の過去を単に他人のものとしてでなく、却つて敵のものとして経験することさへあるのである。私は今まさに斯くの如き機会に遭遇してゐるのを感ずる。それはひとつの危機である。私はそれに対して批判的に、革命的に、行為するために、この書に於て私の過去をして十分に自己を語り、自己を主張せしめようと思ふ。」

三木のこの自負にみちた、そして勇ましいみずからの過去にたいする訣別の辞に注目する必要がある。本書に収録されている諸論文は「ヘーゲルの歴史哲学」をのぞき、かれにとっては「おほむね旧稿に属する」「批判哲学と歴史哲学」、「歴史的因果律の問題」、「個性の問題」、「ディルタイの解釈学」であり、この自己の旧稿をば、かれはわが国における「従来の観念論」の代表的文献とみなし、それにたいしていまや「批判的に、革命的に」たちむかおうとしているのである。

かれは帰国後、京都に下宿をさだめ、パリ以来のパスカル研究の完成に専念するかたわら、京都大学出身の後輩や学生のためにアリストテレスの『形而上学』の輪読会をひらきその指導にあたった。そして翌一九二六年（大正一五年）四月には第三高等学校講師となり、哲学の講義を担当、やがてくるはずの京都大学文学部教授会からの招聘をまった。しかしかれの切なる期待にもかかわらず、運命はそのような方向にひらけなかった。というよりは、このときすでに、「当時としては三木の最大の野望であつた京都大学文学部で哲学教授の椅子を獲得するといふ見込み」がほとんど失われていたのである。かれは京都大学はじまって以来の「空前の秀才」といわれ、「最も有力なる、未来の教授候補者」であった。この点は自他ともにみとめるところであった。しかしながら、大学というところにはいろいろの事情があるとみえ、大学院時代のかれがたまたまひきおこした「学問好きの未亡人」との「情事」――かれはこれを自己における「スタイン夫人」の場合だと友人に語ったという――が、一種のスキャンダル視されて大学当局の耳にはいるにおよび、教授会の空気は三木に不利にかたむいた。留学による三年の冷却期間もこの大勢をくつがえすにはいたらなかったようである。とにかく、この事件が唯一の原因であったとは断定しがたいが、すくなくともこれが有力なオケージョンとなって、若い三木の「野望」がほおむりさられたことはまず間違いないようである。ところが、かれは「一縷の望みをなほも空しく京都大学につな」ぎ、事態の好転をねがって友人の「勧誘にもかゝはらず、東京へすぐには出て来ようとせず、永いこと京都にぐづついてゐた」のである（林達夫「三木清の思ひ出」）。

しかし、客観情勢の推移はいかんともなしがたく、かれもついにこの「野望」を断念せざるをえなくなった。とはいえ、才腕あるかれにはほかに活路をみいだすに時間はかからなかった。かれは東京に進出することによって、ジャーナリズムの舞台にうってでるコースをえらんだのである。そのときのかれには自己をしめだしたアカデミーにたいする挑戦意識がみなぎっていたに相違ない。「福本和夫の台頭を見て忽ち一種の野心を起したらしい。俺でも福本位ゐなことは出来る、と傲語してゐたやうに覚えてゐる。勘のいいことでは当時他に並ぶ者がなかつたから、福本が新しい思想界に占めてゐた約束ある意義を逸早く見抜いたのである。……でやがて彼はみづからマルクス主義者を以て任じることになつた」、とは戸坂潤によるこの時期の三木清評である。かれの、みずからの過去にたいする訣別の辞がいやがうえにも勇ましくならざるをえなかった一半の理由は以上のようなところにあったとおもわれる。

昭和二年(一九二七年)四月、三木清は法政大学教授を委嘱されて上京、下宿を本郷菊坂の菊富士ホテルにさだめた。かれが本当の青春とよぶ時代がここにはじまる。

時期は若干さかのぼるが、すでに三木は、三高の講師として京都にいたとき、西田幾多郎の推薦により河上肇のためにヘーゲル弁証法の研究を指導し、京大の経済学批判会に関係するかたわら、福本和夫の台頭に刺戟せられて、みずからも唯物史観研究を開始していた。そして昭和二年三月末の友人あて書翰では「私は私の唯物史観に関する解釈をどうにか作り上げることが出来た。私の従来やつて来た学問の関係から、この解釈にも他と異る多少の新し味のあることを信じてゐる。私はそれを数篇の論文に分つて雑誌の上で公表しようと思ふ」(羽仁五郎あて、一九二七年三月二二日付、書翰)と報ずるにいたっている。この予報どおり、かれは同年六月「人間学のマルクス的形態」を、八月「マルクス主義と唯物論」を、一二月「プラグマティズムとマルキシズムの哲学」を、という風にやつぎばやに「思想」誌上に論文を発表するにいたった。そして、昭和三年(一九二八年)一〇月には、羽仁五郎と共同責任編集で月刊雑誌「新興科学の旗のもとに」を発刊し、のちに『社会科学の予備概念』(昭和四年・一九二九年四月)に収録されるにいたった「科学批判の課題」以下の一連の論文をつぎつぎに発表、新興マルクス主義者として、まさに彗星のごとく論壇に登場するにいたった。論壇へのそのはなやかな登場ぶりは、かつての福本和夫のそれにまさるとも決しておとらないほどのものがあった。

ここで、失意の三木清を刺戟し、その論壇への登場をうながした福本和夫の台頭、それによって告知されるこの時期のわが国左翼陣営の動向、ないしは思想界の大勢についてふれておかねばなるまい。

大正初年の第一次護憲運動にはじまる「大正デモクラシー」運動が、大正七年（一九一八年）夏の「米騒動」を転機として質的変貌をとげ、その主導権がしだいにブルジョア・地主政党から組織的労働者の手に移行していったこと、そしてまた、このような情勢の推移に対応する一連の進歩的インテリゲンツィアの動向が思想界にも反映するにいたったこと、についてはすでに述べたごとくであるが、三木清が大学を卒業した大正九年（一九二〇年）は、このような観点からいって、注目すべきそして記念すべき年となった。すなわち、この年に全国労働者階級の中核的組織として「大日本労働総同盟」が誕生し、それを推進母胎としてこの年にわが国初のメーデーが挙行されたのである。このような労働運動の昂揚を背景に、大正一一年（一九二二年）七月には、同年一―二月のモスクワでひらかれたコミンテルンの「極東民族大会」の決議にもとづき、日本共産党が非合法裡に成立した。この結成当初の日本共産党の指導理論となったものが山川均の理論、つまり山川イズムであった。山川イズムは日本共産党結成の翌月、すなわち大正一一年八月、山川均が党機関誌「前衛」誌上にかの有名な論文「無産階級運動の方向転換」を掲載するにおよび、うちだされたものであり、それは、いわゆる「アナ・ボル論争」に終止符をうつ端をひらき、同時にそのことをつうじて、日本の社会主義運動をボルシェヴィズム＝マルクス主義のもとに統一する端緒をひらいたのである。山川均によって提唱された「方向転換」理論は、大正一〇年（一九二一年）六—七月のコミンテルン第三回大会で採択されたスローガン「大衆の中へ」、その日本への適用としてコミンテルンが起草し、その審議を日本共産党にゆだねた「日本共産党綱領草案」にもとづいてうちだされたものであった。「綱領草案」の趣旨は、一言でいうならば、ロシア革命におけるレーニン主義方式を日本の革命運動に適用し、日本におけるその一般的戦略方針をうちたてたものであった。そこにしめされた戦略方針はいまだ一般的な規定にとどまり、具体性を欠いてはいたが、これによって日本の革命運動ははじめて一つの基本方針を獲得するにいたったのである。「綱領草案」にしめされた、この一般的戦略方針の路線にそい、まず日本共産党の指導理論としてあらわれたのが、かの山川イズムであった。それはすでに指摘したごとく、前記の論文で「大衆の中へ」・「政治闘争」へというスローガンをうちだすことによって、アナーキスト、サンディカリストにみられる少数精鋭分子による一般大衆から乖離した英雄主義的一揆的闘争方式の「方向転換」を要求し、そのことをつうじて日本の革命運動を大衆化する方向にみちびいたのである。しかしながら他面、山川イズムは大衆化された政治闘争一般の重要性を主張するにとどまり、大衆を革命へと結集し、それを組織的にも理論的にも指導すべき前衛党たる共産党の任務の評価において欠けるところがあり、合法主義を強調する傾向をふくんでいた。すくなくとも、その点に問題をはらんでいたのである。このような山川イズムの傾向は、大正一二年(一九二三年)六月の日本共産党にたいする最初の弾圧、同年九月の関東大震災に乗ずる社会主義者にたいする白色テロルの横行、さらに、大正一四年(一九二五年)五月の「普通選挙法」の公布を契機とする、労働組合幹部の議会主義を標榜する日和見化、それにともなう「総同盟」の分裂などの一連の情勢のなかで、「解党主義」という形で表面化した。この「解党主義」はいわゆる自然成長論にもとづく「協同戦線党論」に主たる思想的根拠をもつものであった。それによれば、官憲による苛酷な弾圧と労働階級の未成熟な現状では、非合法の共産党の存立は時期尚早であり、その結成は主体的条件の自然の成長をまってなさるべきものであるから、したがって、当面は、一切の反資本主義的運動と組織を包含する、合法的な単一無産政党の結成こそ必要であるというのである。このような論拠にもとづき、大正一三年(一九二四年)三月、山川均をはじめとする日本共産党の一部指導者は、自発的解党を決議するにいたったのである。

しかし、大正一三年(一九二四年)六―七月のコミンテルン第五回大会、および翌一四年

（一九二五年）一月の、コミンテルン代表と日本共産党代表とのいわゆる「上海会議」は、一部指導者による日本共産党の解党決議の誤謬を指摘し、即時再建の必要がある旨の決議を採択した。この決議にもとづき再建工作がすすめられ、大正一五年（一九二六年）一二月には再建大会がもたれるにいたった。この再建大会、およびその後の日本共産党の指導理論となったものが、福本和夫の提唱になる「分離結合論」＝「理論闘争主義」、つまり福本イズムにほかならなかったのである。

福本和夫は、文部省留学生としてドイツに留学し、かの地でマルクス主義をまなび、大正一三年（一九一四年）九月、帰国した。そして大正一三年五月創刊された雑誌「マルクス主義」――同誌は解党決議後の共産党の実質上の理論的機関誌となった――の同年九月号に、「経済学のうちにおける『資本論』の範囲を論ず」という論文を発表し、論壇に登場するにいたった。その後、かれは大正一四年（一九二五年）三月の、「経験批判主義の批判――河上肇博士の『唯物史観と因果関係』を批判す――」という論文を中心にやつぎばやに論文を発表、にわかに論壇の注目をひくにいたった。そして、大正一五年（一九二六年）二月、北条一雄のペンネームで「山川氏の方向転換論の転換より始めざるべからず」を同誌に発表するにおよび、一挙に左翼陣営の指導理論家となるにいたったのである。折しも、山川イズムの合法主義が官憲の弾圧によって実践的に破綻しつつあり、それにかわる指導理論の出現が待望されていた。京大文学部で哲学教授の椅子を獲得する見込みをうしない、焦慮と失意の渦中にあった三木清をとらえたものは、このような颯爽たる福本和夫の姿であった。「俺でも福本位ゐなことは出来る、と傲語し」、かつまた心中期したかれであった。

福本和夫による山川イズムの批判はどのような観点からおこなわれたであろうか、そしてまたそのことをつうじてうちだされた福本イズムの特質はどこにあったであろうか。福本和夫によれば、山川均の「方向転換」論から帰結した「解党主義」=「協同戦線党論」は、マルクス主義と俗学主義、社会主義と組合主義との混合・折衷主義であり、安易な結合主義にほかならぬ。山川イズムをまたずとも、労働者、農民をはじめとするブルジョア民主主義勢力を結合することはもとより肝要である。しかしそれが強く結合せられるためには、「無産者結合に関するマルクス的原理」にもとづいて「結合する前にまづきれいに分離しなければならない」。しからば、このマルクス的要素の分離・結合はいかにして可能であるのか。それはただ「果敢にしてたゆむことのない理論闘争」に、さしあたり活動を局限することによってのみ可能であり、しかもこの「理論闘争」をつうじてのみ、マルクス的「意識の完成されたものの集団」としての真の前衛組織の結成が可能となる。かくすることをつうじて、はじめて真の「方向転換」ともいうべき、精鋭な前衛組織にひきいられた全無産階級の政治闘争が展開せられうるのである、と。福本和夫の「分離・結合論」の骨子は、大要、以上のごときものであった。マルクス・レーニン主義の原典からの多量な引用文によって、いかめしく理論的に武装された福本イズムは、山川イズム＝解党主義に不満をもつ分子の歓迎するところとなり、「二七年テーゼ」によって「レーニン主義の戯画」として批判しほおむりさられるまで、理論闘争を好む「マルクス主義的に思索する人々」に熱狂的に支持せられ、日本共産党のみならず、左翼陣営の指導理論としてそれらを風靡したのである。

それでは福本イズムの功罪はどこにあったか。まずその功績は、社会主義を社会科学の領域に局限し、それとの哲学的世界観的対決を回避したアカデミズムにたいして、「哲学者は……世界を変革することである」（『社会の構成＝並に変革の過程』序）という立場から、社会主義をマルクス主義の哲学として、すなわち世界変革の一個の哲学的世界観として解明した点にあった。しかし、そのあきらかな誤謬は、日本の革命情勢を無視したレーニン主義方式の飛躍的援用によって独自の「分離・結合論」＝理論闘争主義を形成し、そのことをつうじて、マルクス主義陣営、「総同盟」をはじめとする労働組合、無産政党の分裂・相剋を理論的に肯定し、きたるべき「普通選挙法」の実施（昭和三年・一九二八年二月）に対処する左翼陣営の結束、単一無産政党の結成をさまたげるという重大な結果をまねいたことであった。戦略理論としての福本イズムのこの誤謬は、端的にいって、レーニンの著作の誤読に由来する、日本の革命情勢を無視したレーニン主義方式の飛躍的援用にあった。たとえば、福本和夫の組織論は、レーニンの『何をなすべきか』を典拠とするものであったといわれるが、その場合、その論文がどのような歴史的客観的諸条件のもとで、当のレーニンによって提出されたものであったかを顧慮することなしに、その戦略理論をそのまま日本の現実に適用したのである。ここに、直輸入的・直訳的レーニン主義理論としての福本イズムの理論的誤謬があった。

山川イズム、福本イズムという日本マルクス主義理論の二形態は、昭和二年（一九二七年）七月、コミンテルン常任委員会で採択された「日本に関するテーゼ」（「二七年テーゼ」）によってともども批判され、ほおむりさられるにいたった。この「二七年テーゼ」の出現を機に、革命運動の戦略方針にかかわる政治・経済問題の領域においては、「二七年テーゼ」の戦略方針に公然と対立する「労農派」理論が形成されるにいたったが、ほぼときを同じくして、哲学・思想問題の領域において、マルクス主義を世界変革の一個の哲学的世界観として解明した福本イズムの志向を継承しつつ、しかも同時に、その外来の直輸入的・直訳的マルクス主義理論を、大正期以来形成されきたった人格主義的ヒューマニズムの土壌へと摂取し、そこからしてそれを再編成しようとするこころみがうまれた。これはいわば時代の要請であったが、この課題をはたしたものが三木清であったのである。はじめ雑誌「思想」に発表せられ、昭和三年（一九二八年）五月『唯物史観と現代の意識』に収録されるにいたった、「人間学のマルクス的形態」をはじめとする一連の論文の思想史的意義はここに存する。このような課題をひっさげた三木清の論壇への登場が、「哲学と社会主義とを、どう結合するかに、幼稚ながらも、真剣に悩んでいた……後輩の若い学生たちを、……いかにゆり動かしたかは、恐らく他の時代からは想像のつかないほどであった」（久野収「足跡」『回想の三木清』）といわれる。これは当時を回想するものが異口同音にみとめるところである。

それでは、この三木清の驚くべき影響は何に由来し、何に胚胎するものであったのであろうか。この秘密を解くためには、大正末期から昭和初頭にかけてマルクス主義に接するにいたった青年知識階層が、大正初年以来のデモクラシー運動の展開と、第一次世界大戦が日本の経済界にもたらした相対的安定とを基盤として開花した、一連のヒューマニズム運動の影響下に育成されたことが想起されねばならぬ。そして、ここにいう一連のヒューマニズム運動とは、非政治的観照性を基調とする教養主義的文化主義的なものであったことが、あわせて想起されねばならない。そうであるとすれば、当代の青年知識階層にとって、極度に政治的実践的な科学的世界観としてのマルクス主義、とりわけ、戦略理論たるボルシェヴィズムとしてのマルクス主義の受容とそれへの移行は、決して容易なものではなかったはずである。しかも当時の日本では、マルクス主義が提起する問題は、哲学的世界観の問題であるというよりは、もっぱらそれは、経済学・政治学がかかわる社会科学上の問題であるという見解が支配的であった。マルクス主義との世界観的対決を回避しようとしたアカデミズムは、極力、マルクス主義を社会科学の領域に局限しようとしたのである。このようなアカデミズムの動向を批判することによって、マルクス主義を一個の哲学的世界観として解明し宣布するうえで、福本イズムが貢献したことは、すでに述べたごとくであるが、しかもそれは、いまだ直輸入的・直訳的理論たるにとどまった。福本和夫のポケットにはジェルジ・ルカーチの『歴史と階級意識』やカール・コルシュの『マルクス主義と哲学』などが種本として隠されていたのである。そこで、マルクス主義を外来の直輸入的・直訳的理論としてではなく、しかも一個の哲学的世界観として、大正以来形成されきたった人格主義的ヒューマニズムの土壌へと摂取し、そこからそれを再編成するというこころみは、いわば時代の要請となった。昭和初頭の三木清はこの時代の要請にこたえたのである。

それでは、大正ヒューマニズムの申し子たる三木清による人格主義からマルクス主義への理論的移行は、どのような形でおこなわれたであろうか。

「これらの小篇はその特殊なる成立の事情を負うて或る程度まで夫々独立してゐはするが、少くとも方法的なるものに関しては一の共通の意図のもとに繋り合つてゐる。私はそれらのものに於て理論の系譜学 (Genealogie der Theorien) を目論見たのである。如何にして一定のイデオロギーは出生し、成長し、崩壊し、そして新しいものによつて代られるか、の系統を理解することが私の企てに属してゐた。この系譜学の根本命題は、歴史に於て存在は存在を抽象することによつて理論を抽象する、といふことである。私はこのことをマルクスから学んだ。それは実にマルクスが『歴史的抽象』(historische Abstraktion) と呼んだところの過程である。——我々は更に多くのことをマルクスから学び得るしまた学ばねばならぬであらう。」

これは『唯物史観と現代の意識』の「序」にみいだされる三木清の言葉であるが、かれは本書に収録された「人間学のマルクス的形態」以下の一連の論文において、「歴史に於て存在は存在を抽象することによつて理論を抽象する」という「理論の系譜学の根本命題」を、「基礎経験とアントロポロギーとイデオロギーの相互制約の原理」として方法的に具体化することにより、人格主義からマルクス主義への理論的移行をおこなったのである。この方法的視点は、マールブルク時代に芽生え、パスカル研究をつうじて具体化された「生の存在論《アントロポロギー》」のそれを基本的に継承するものであり、それに原理的加工をくわえることによって成立したものであった。

しからば、ここにいう「基礎経験とアントロポロギーとイデオロギーの相互制約の原理」とはどのようなものであったであろうか。まず「基礎経験」とは、かれによれば「日常の経験がロゴスによつて支配されてゐるのに反して、……ロゴスに指導されることなく、却てみづからロゴスを指導し、要求し、生産する経験」をさす。したがって「基礎経験はその本来の性格として既存のロゴスをもつて救済され、止揚され得ぬものである。」そこから「不安的動性は基礎経験の最も根本的なる規定」であり、「基礎経験は現実の経験としてはひとつの闇である」ということができる。しかし、「基礎経験の名を借りて或る神秘的なもの、形而上学的なるものを意味しようと欲するのではなく、むしろまさにその反対である」と三木はいう。すなわち「基礎経験の『基礎』とは、このものが種々なる意識形態の根柢となつて、それを規定することを表はすのである。現実の存在そのものを特に『経験』と称するのは、……存在をそれ自体に於て完了したものと見做すところの、従てそれを特に運動に於て把握することなく、却て静的なるものに固定する傾向を含むところの、素朴実在論から……出来る限り截然と区別するためである。かくして基礎経験とは、相互に自己の存在性を規定しつつ発展する諸契機を有する、動的なる、全体的なる存在に外ならない。」(『唯物史観と現代の意識』四二頁)

つぎに、「アントロポロギー」とは、三木によれば「生の根源的なる具体的なる交渉の中から直接に産れるロゴス」であり、「基礎経験をなほそれの直接性に於て表現する」「第一次的なるロゴス」である。それは「人間の自己解釈 Selbstauslegung」にほかならぬ。

第三に、「イデオロギー」とは、「第一次的なるロゴス」としての「アントロポロギー」が「基礎経験をなほそれの直接性に於て表現するのに反して、……それを媒介者を通じて把握する」「第二次のロゴス」であり、「それにはあらゆる種類の精神科学あるひは歴史的社会的科学が属する。」それは「人間の自己了解 Selbstverständigung」と規定することができる。

「基礎経験」・「アントロポロギー」・「イデオロギー」はそれぞれ右のような性格をになうものであるが、しからば、それらはどのように相互に連関しあい制約しあうのであろうか。この点を三木清はつぎのように説明する。

> 「アントロポロギーは、恰もカントのシエマテイスムスに於ける時間が直観と範疇とを媒介するやうに、基礎経験とイデオロギーとを媒介する。けだしそれは、一方では、生の交渉の中から直接に産れるものとしてそれ自身或る意味では基礎経験そのものであり、そして他方では、それは既にそれ自身ロゴスとして他の意味ではイデオロギーに属するが故に、能く両者を媒介することが出来るのである。このやうに媒介することに於てアントロポロギーの構造はイデオロギーの構造を規定することとなる。そしてまさにそこに人間学が第一次のロゴスとして有する機能の全き重要さは横はつてゐる。そしてその意味に於てまさしくそれはあらゆる歴史的社会的科学の基礎である。」

「アントロポロギーは基礎経験とイデオロギーとを媒介するのであるが、イデオロギーの変革はまたアントロポロギーの変革によつて媒介される。イデオロギーが自己の研究を出発するに際して直接与件として見出すところの現実がそもそも既に人間学的なる限定のもとにある限り、それと経験との間の弁証法的なる運動は、アントロポロギーの運動によつて媒介されることなくしては起り得ないであらう。高次のロゴスの変革は低次のロゴスの変革によつて規定される。ロゴスの第一次変革過程（基礎経験と第一次のロゴスたるアントロポロギーとの矛盾、それにともなう後者の変革――引用者註）が既に行はれた後、あるひは少くとも現に行はれつつある場合でないならば、ロゴスの第二次変革過程（アントロポロギーと第二次のロゴスたるイデオロギーとの矛盾、それにともなうイデオロギーの変革――引用者註）は生ずることがない。前者の運動は後者のそれに比して、見たところ顕著でないために、人々に気附かれぬことが多いけれども、それだけそれは一層直接的であり、一層浸透的であり、一層普遍的である。……苟も根本的なる、徹底的なる、生命あるイデオロギーの変革に際しては、ひとはその背後に、たとひそれが顕はでないにせよ、必ずアントロポロギーの本質的なる変革を見逃すことが出来ぬであらう。」（『唯物史観と現代の意識』八―九頁、一三―四頁）

以上が三木のいう「基礎経験とアントロポロギーとイデオロギーの相互制約の原理」の大要である。かれにおける唯物史観の解釈はこの原理に依拠することによっておこなわれた。かれはつぎのように問題を設定する。

「唯物史観は言ふまでもなくひとつの——右に規定した概念の意味に於て——イデオロギーである。それは如何なる基礎経験にもとづき、如何なる人間学——このものは勿論唯物史観の概念体系そのものに於ては直接に顕はでないが、——に倚つて組織されたイデオロギーであるであらうか。斯く問ふことは、唯物史観をひとつの固定したドグマとして単純に信奉するのでなく、それをひとつの凝結した体系として外面的に批評するのでもなく、却てそれをひとつの生ける生命として根本的に把握するためには避くべからざることであると私は信ずる。アリストテレスやマキヤヴエリの政治学が彼等のアントロポロギーを除いて理解されないやうに、唯物史観はアントロポロギーのマルクス的形態を先づ認識することなしには到底完全に理解され得ないのである。」（前掲書、一四—五頁）

右のような観点から、三木は「ヘーゲル哲学とは全く異る仕方に於てではあるけれども、同じロマンテイクの基礎経験の表現である」とおもわれるフオイエルバッハの「アントロポロギー」にたいして、「無産者的基礎経験」にたつ「マルクス学に於けるアントロポロギー」を対比させ、イデオロギーとしての唯物史観の成立、ならびにその本質をつぎのように把握する。

「神学的観念を批判することによつてそれ自身ひとつのイデオロギーにまで発展したフオイエルバッハの人間学は、新興の無産者的基礎経験を把握するマルクスの人間学によつて、必然的に押し退けられた。マルクスの人間学はフオイエルバッハのそれと対質せねばならなかつた歴史的状況に於てまたそれ自身ひとつのイデオロギーにまで展開された。それは無産者的基礎経験の中から直接に生れる第一次のロゴスとしてのアントロポロギーの自覚された、その当時の学問的意識に於て客観的公共性の中へ持ち出された形態に外ならないのである。」

「マルクスの人間学に於て最も重要なのは、……一は人間の実践的感性的なる活動或ひは労働の根源性の思想であり、他は存在の原理的なる歴史性の思想である。然るに一般にアントロポロギーの構造はイデオロギーの構造を限定するから、これら二つのものこそまさに唯物史観の構造を限定する最も根源的な契機である。かくて唯物史観は無産者的基礎経験の上に、それの規定する人間学の上に、成立してゐると考へられる。」（前掲書、三二―三頁、三四頁）

このように三木清は、唯物史観を「人間学のマルクス的形態」として、すなわち「基礎経験」の一個の歴史的形態たる「無産者的基礎経験」、その「中から直接に生れる第一次のロゴスとしてのアントロポロギー」に規定された一個のイデオロギーとして把握するという、当時「マルクス主義の神聖を瀆すやうに思はれてゐたこと」をあえておこなった。そのことをつうじてかれは、哲学におけるマルクス主義の位置を「現代の意識」として解明し、哲学から社会主義への理論的移行が可能であるゆえんをしめしたのである。

マルクス主義者をもってみずから任じた三木清の、このようなマルクス主義の人間学的把握のこころみにたいしては、服部之総、栗原百寿らの「正統」マルクス主義者から批判がおこなわれ、雑誌「思想」や「プロレタリア科学」（昭和四年・一九二九年一一月創刊）を舞台に論争が展開された。たとえば、「正統」マルクス主義者をもって任じた服部之総は三木におけるマルクス主義をもって「全唯物論の一般的基礎命題としての哲学的唯物論」を無視した「解釈学的マルキシズムの哲学的観念論」（服部之総「唯物弁証法と唯物史観」、「三木氏における観念論の粉飾形態」）ときめつけたが、三木はそれにたいするに、「恰もあらゆる馬が馬であつて牛でないことを規定し、そしてあらゆる馬に対して通用する馬の一般的概念の如き」「唯物論の定義」をふりまわす「公式主義者」の呼称を投げかえすことをもってした。戦後この論争を回顧した一論者が指摘しているごとく、たしかに三木によるマルクス主義の把握は、「人間学の上で唯物史観を逆立ちさせ」、「弁証法的唯物論をその人間的歴史への適用の面、即ち唯物史観においてのみ理解し、……唯物史観を唯物論からきりはな」す修正主義的なこころみにほかならなかった（梅本克己「三木哲学と唯物論」）。にもかかわらず、三木のこころみは、マルクス主義を一個の所与の理論とする教条主義的マルクス主義把握が目だった当時の段階においては一つの思想史的意義をもちえたことも否定できないのである。かれは「思想の歴史的被制約性」を説くことによって、「唯物論一般」ではなくして、どこまでも「唯物論の現実形態」を問題にし、そのことをつうじて思想の歴史的文脈におけるマルクス主義のレーゾン・デェトルを解明したのである。明治中葉以来のマルクス主義理論の受容過程において、極端に歴史的感覚を欠如し、ために移植観念性を容易に脱却しえなかった日本のマルクス主義理論に、歴史的観点を導入したことはあきらかに三木の功績に属するものであった。

以上、要するに三木におけるマルクス主義は、大正ヒューマニズムのアントロポロギーたる人格主義のマルクス的形態と称すべきものであり、そのかぎりにおいてそれは、「新興の哲学的社会民主主義」と規定しうるような一種の修正主義にほかならなかったであろう。しかしながらそれは、まさにそのような形態をとることによって、当代の日本におけるマルクス主義理論の移植観念的公式性の弱点をつき、近代日本思想の歴史的文脈における社会科学の、とくにマルクス主義理論のレーゾン・デェトルを解明し、時代の要請にこたえたのである。かれが「理論を介して、社会主義の立場に移行する可能性を開いた最初の人々の一人として、後輩にとつては、恐らく不朽の意義を持つている」(久野収、前掲書)といわれるゆえんはここに存する。三木清による唯物史観解釈の思想史的意義は、さまざまの問題をふくむとはいえ、ほぼ以上のようなところにあったとおもわれる。

昭和二年(一九二七年)四月上京、本郷の菊富士ホテルに陣どり、「唯物史観の人間学的基礎」の探究に着手、ジャーナリズムの舞台にうってでた当時の三木清には「取憑かれたものの放心と執心が際立つてゐた。法政での講義、頻繁な講演、原稿、訪問客、それに自分の主宰する雑誌、さういふ無茶苦茶に忙しい中へ、進んで突進してゆくといふやうな気構へが……感ぜられ」、かれの「体からは一種の妖気が発散してゐた」という(唐木順三「くさぐさ」『回想の三木清』)。このようなすさまじい生活態度は、昭和四年(一九二九年)四月、東畑喜美子と結婚、新居を東京杉並の高円寺にかまえて以後もかわらなかった。かれは、夫人の一周忌の形見に編んだ追悼文集『影なき影』(昭和一二年・一九三七年七月)のなかで、この頃の生活を回想し、「とにかくあの頃私は忙しい、全く乱暴に忙しい生活をしてゐた。学校の講義だけでもかなりな時間数であつたが、講演会、座談会等には始終引出されるし、雑誌等の執筆も絶えなかつた。またあの頃は特に来客が多く、喜美子が、『まるで女給になつて来たやうだ』と話したことがある。世間的に有名になるといふことがどんなにつまらないことであるかを彼女は既に悟つてゐるもののやうであつた。喜美子は何事につけても地味なことが好きであつた。私自身もとより決して華かなことが好きなわけではなかつたが、あの頃は若さの元気一杯で、忙しければもつと忙しくしてやらうといつたやうな、運命への挑戦に於て自分の力を信じようとする気持があつた。彼女に対して恥しいことであつたと思ふ」と語っている。この文章は齢四一歳に達していたかれにして書きえた文章であって、若い頃の三木には「シュトレーバー」のもついやらしさが横溢していたようである。「頭にぷんぷんするコスメチックを塗つて、ピカピカした着物をぞろりと着て、繻子の足袋なんか履いて」いたのが、大学院時代の「恋愛の季節における三木清」(林達夫、前掲書)の姿であり、「髪をこつてり左右に分けて、金属ブチの眼鏡をかけて、ダブル・ボタンの厚ぼつたい外套の、上のボタンを一つはずして、わざわざ前を三角に折つた写真。大きく見開いた眼」(唐木順三、前掲書)、これがドイツ留学時代の三木の姿であったという。いわば、これが京大文学部哲学科の教授の椅子をねらっていた当時の三木の姿であったといえるが、しかし運命はそのような方向にはひらけなかった。以後、かれによる「運命への挑戦」、いうならば「アカデミーへの挑戦」がはじまった。コスメチックも「ピカピカした着物」も、もはや用はなかった。「布団が敷き放してあつた。大きな丸い瀬戸火鉢があつた。椅子は一つだつたか二つだつたか、とにかく茶卓をひきよせて腰掛けがはりにした。三木さんは煙草をつづけさまにふかした。……煙草を口にくはへたまゝ、ゴホン、ゴホンとせいた。火鉢にかけた両脚の間に垂れてゐる着物には焼けこげの大きな穴があいてゐた。しはのよつた疲れくすんだ着物であつた」(唐木順三、前掲書)――これが、「運命への挑戦に於て自分の力を信じよう」としていた本郷の菊富士時代の三木清の姿となった。かれは人並以上の頑健な体格にめぐまれ、馬のように食うことができた。この時期のかれにおいて、「一種の妖気」がただよっていたとしても怪しむにたりない。

しかし、昭和五年（一九三〇年）五月、「思ひがけない事件が待つてゐた。」というのは、大河内正敏子爵の令息信威に依頼されて出資した金が日本共産党の運動資金であったということで、かれは治安維持法違反の嫌疑により検挙されたのである。かれは一旦釈放されたが、七月末になって起訴され、一一月中旬まで豊多摩刑務所に拘留された。この事件のため、以後かれは一切の教職から身をひくにいたった。ここに、かれが本当の青春とよんだ時代が終る。これは同時に日本の運命を象徴していた。この頃から「暗い谷間」につうずる道を、日本は着実にあゆみはじめたのである。けだし、日本の社会主義運動・労働運動は、日本共産党が昭和三年（一九二八年）三月一五日（「三・一五事件」）、および翌昭和四年（一九二九年）四月一六日（「四・一六事件」）の再度にわたって大弾圧をうけ、有能な指導者をことごとく獄へうばわれるにおよび、折しも潰滅に瀕しつつあった。加うるに、昭和四年秋、アメリカに端を発した世界経済恐慌の波は日本資本主義をもおそい、このため、各地にストライキ、小作争議が頻発、日本資本主義の危機は一段と深刻化しつつあった。このような客観情勢のもとに日本帝国主義による中国市場への侵略は開始されたのである。昭和六年（一九三一年）九月の満州事変の勃発がこれである。これによってほぼ事態は決定的となったといってよい。というのも、その後、日本共産党は、昭和七年（一九三二年）五月、コミンテルン西欧ビューローが採択した「日本の情勢と日本共産党の任務に関するテーゼ」（「三二年テーゼ」）によって、昭和六年一月の「日本共産党政治テーゼ草案」にみられる主観的革命幻想、それにもとづく極左冒険戦術を批判され、同時に、天皇制を中枢とする日本の国家権力にたいする明確な規定をあたえられ、山川イズムによる解党決議以来の混乱と動揺から三たびたちなおることとなったが、全体としてみるならば、日本のマルクス主義運動は、満州事変以降、ファッシズム体制の強化とそれにともなう労働運動の退潮のなかで、しだいにその活動の舞台を合法的な理論活動に局限され、衰退の一途をたどることとなったからである。「日本資本主義論争」の性格、「唯物論研究会」の活動状況はこの事情を物語っていた。

これを三木清に即していえば、昭和五年の入獄を転機として、以後、かれは一種の転向をおこなうこととなる。かれはその後、昭和七年（一九三二年）一〇月、戸坂潤らを中心に結成せられた「唯物論研究会」にも関係することになるが、かれの関心はもはやマルクス主義にはなく、その退潮後おとずれたもの、すなわち、折から一般知識階層をとらえつつあった「不安の哲学」へと移っていった。かくて、われわれは、「危機意識の哲学的解明

（昭和七年・一九三二年）をこころみ、「危機に於ける人間の立場」（昭和八年・一九三三年）に立脚して、「シェストフ的不安について」（昭和九年・一九三四年）語り、それを媒介としてそこから「人間再生と文化の課題」（昭和一〇年・一九三五年）を論じ、「ヒューマニズムの現代的意義」（昭和一一年・一九三六年）を探究する三木清の姿に接することとなる。

不安の超克からネオ・ヒューマニズムへ

昭和五年（一九三〇年）一一月、豊多摩刑務所から釈放された三木清は、信州別所温泉でしばらく静養したのち、大学時代からの課題である歴史哲学の構想をまとめることに着手した。一切の教職を辞し、同時にあの「忙しい、全く乱暴に忙しい生活」からみずからを解放し、「書斎の人」となっていたかれは、この歴史哲学の著述に専念した。それは昭和七年（一九三二年）四月、かれ自身の編集になる『続哲学叢書』の一冊として岩波書店から刊行された。この書物は年来の課題と蓄積をふまえ、かつ、かれの生涯ではもっとも静謐にすごされた期間に書かれたものであるだけに、かれの数多い著作のなかでは一番まとまりのある、しっかりしたものである。マールブルク時代に芽生え、パスカル研究、唯物史観研究をつうじて具体化されるとともに、原理的にふかめられるにいたった「生の存在論《アントロポロギー》」の構想は、この著作『歴史哲学』において「歴史の人間学」という形でほぼ原理的に確立されるにいたった。

それでは、三木清の「歴史哲学」、すなわち「歴史の人間学」とはどのようなものであったであろうか。かれは「歴史哲学」の主題をつぎのようなところに設定する。

「フンボルトのやうな歴史の見方は観念論的な史観と云はれ、マルクスの如き歴史の把握の仕方は唯物論的な史観と云はれる。二人の史観はかく対立せるにも拘らず、共に歴史的意識を有したと云はれ得るならば、『歴史的意識』の概念が『史観』の概念に対して或る形式的な意味のものであることは明かであらう。丁度ヘーゲルは観念論者であり、マルクスは唯物論者であるが、共に弁証家であるところから、両者に共通な弁証法一般の理論というものが考へられ、且つかかる弁証法一般の理論が打ち建てられ得るやうに、我々はヘーゲル、フンボルト等の観念論的な史観及びマルクス主義の唯物論的な史観に共通な歴史的意識一般の理論といふものを考へることが出来、且つこのやうな理論を打ち建てることが出来よう。歴史哲学とはかかる歴史的意識の理論である、と定義されてもよい。この理論は哲学的である。なぜなら第一に、歴史的意識は個々の規定された史観に対して形式的な意味をもち、このやうな形式性乃至一般性は哲学的認識のひとつの特徴をなしてゐる。第二に、歴史的意識は規範的な意味を担つてゐる。そしてこのやうな規範的な性質もまた哲学的認識のひとつの特徴に属する。第三に、歴史的意識はロゴスとしての歴史即ち歴史学と同位のものでなく、却てそれの根柢にあつてそれを規定する。歴史哲学はかかる歴史的意識の理論として……歴史学方法論とは異る独自の理論であり得る。弁証法の理論が弁証法は観念論的であるべきか唯物論的であるべきかを決定するやうに、歴史的意識の理論は史観が唯物論的であるべきか、それとも観念論的であるべきかを決定する。然し歴史哲学が単に何か一定の史観そのものの叙述とは異る或るものでなければならぬことは当然である。」(『歴史哲学』五三―四頁)

ここにあきらかなように、三木が構想する「歴史哲学」とは、おのおの史観がいかなるものであるべきかを決定する「歴史的意識一般の理論」にほかならなかった。それでは、ここにいう「歴史的意識」とは何であるのか。それにこたえるためには、三木にしたがって、あらかじめ「歴史の三つの概念」が区別されておかねばならぬ。「歴史の三つの概念」とは、第一に、「出来事」(res gestae) としての歴史の概念、すなわち「存在としての歴史の概念であり、第二に、「出来事の叙述」(historia rerum gestarum) としての歴史の概念、つまり「存在としての歴史に就いての知識及び叙述」の意味における「ロゴスとしての歴史」の概念である。そして、第三の歴史の概念とはつぎのようなものである。「単に今が昔になるばかりでなく、昔がまた今であるところに歴史はある」といわれるように、歴史はつねに「現在の時間のパースペクチブ」(Zeitperspektive der Gegenwart) からのみ書かれる。そして歴史が書かれるこの条件は同時にそれが書きあらためられる条件でもある。その意味で「歴史の端初が過去でなく現在であることによって、歴史の初めと終りとは一致し、かくして全体的なるものが得られ得る」ということができる。ところで問題は、「かくの如き現在が存在としての歴史の秩序に属するかどうかといふことである。」こたえは否である。ここにいう「現在は現代、即ち存在としての歴史の秩序に於て現在と考へられるものであることが出来ない。」したがって、この「現在」を「存在としての歴史」にたいして「事実としての歴史」と名づけることにする。これが第三の歴史の概念にほかならぬ。三木によれば、「歴史哲学」の主題を構成する「歴史的意識」なるものは、この歴史が書かれ同時に書きあらためられる「現代」ならぬ「現在」すなわち「事実としての歴史」によってあたえられ、かつ規定されるものなのである。とはいえ、かれによれば「事実の凡てが歴史的意識といはれる優越な、規範的な意味に於ける歴史の意識を与へるのではない。なぜならば、事実としての歴史は存在としての歴史の如何なる歴史的時代の根柢にもあると考へられねばならぬに拘らず、歴史的意識は唯一定の歴史的時代に於て、唯一定の関係のもとに於てのみ、与へられてゐるからである。それ故に事実としての歴史に就いて特に歴史的意識を与へる事実そのものが区別され得、また区別さるべきであつて」、「かかる優越な意味に於ける――固より唯歴史的意識との関係に於てのみ――事実」は「歴史の基礎経験」と名づけらるべきものである。このように、「優越なものの意味を担ふ歴史的意識は、事実としての歴史、特にその優越なものであるところの歴史の基礎経験によつて規定されて与へられる」ということができるが、「歴史的意識は、それが意識の名をもつて称せられるにしても、ロゴスの歴史と同位のものであるのではなく、却てこれの根柢にあつてこれを規定するのである。前者は後者に対しては根源的な、従つて哲学的と云はれ得る意識である。然しまた歴史的意識は存在としての歴史に就いてそれをその存在に於て示し、その本来の歴史性に於て顕はにするものである。歴史的意識は存在の歴史性そのものを初めて発見せしめる」のである。このような「ロゴスとしての歴史」ならびに「存在としての歴史」にたいする「歴史的意識」の関係は、「ロゴスとしての歴史」、つまり「歴史叙述」の立場を中心にいいかえれば、つぎのようになる。「歴史的意識は根源的には事実によつて規定される。然るに事実は存在に対して主体的なものの意味を担ふ。従つてこの哲学的な意識に於ける固有なるものは、それが主体的事実を表出してゐるところに求められねばならぬ。かくて歴史叙述は一方に於て存在としての歴史を模写する関係を通じて客体的存在によつて規定されると共に、他方に於て歴史的意識によつて規定される関係を通じて主体的事実を表出する。ロゴスとしての歴史は存在としての歴史を模写すると同時に事実としての歴史を表出する。しかもそれが如何に前者を模写するかといふ仕方はそれに於て表出される後者によつて根源的に規定されるのである。」(前掲書、五〇頁)

右のように三木は、歴史における三つの概念の相互規定的関係をしめすとともに、それらを根源的に規定するものとして「事実としての歴史、特にその優越なものであるところの歴史の基礎経験」の概念を設定した。この「歴史の基礎経験」が意識として表出せられる根源的な場面が「歴史的意識」であり、これがかれのいう「歴史の人間学」にほかならないのである。ところで、この「歴史的意識」としての「歴史の人間学」と「優越な意味に於ける事実」としての「歴史の基礎経験」との関係こそ、三木の「歴史哲学」、のみならず、総じて「三木哲学」の核心となるものなのである。この点について、かれはつぎのように述べている。

「人間の自己解釈たる人間学は純粋に内在的なものでなく、その根柢に於て超越的な主体的事実によつて規定されてゐるのである。行為するものとしての事実は人間学よりも先きのものである。最初に行為がある。事実はハイデッガーのいふ人間に於ける現存在よりも一層根源的なものであり、この現存在を規定し、現存在の有限性なるものもそれによつて初めて可能となる。存在理解の仕方は、行為によつて規定されるのである。主体的な且つ超越的な事実は自己を意識のうちに表出する。人間学は意識としてかかる事実の自己表出の最も根源的な場面である。」（前掲書、二五二頁）

以上要するに、三木清の「歴史哲学」は、「主体的な且つ超越的な事実」の「自己表出の最も根源的な場面」としての「歴史的意識」＝「歴史の人間学」の理論であったということができる。ここで見失われてならぬことは、三木がマールブルク時代以来の「生の存在論《アントロポロギー》」の構想を原理的に探究することをつうじて、いまや「存在」を超越する「存在の根拠」としての「主体的な且つ超越的な事実」の概念を設定するにいたったということである。むしろ端的にいって、人間三木清がいまや、「主体的且つ超越的な事実」に直面するにいたったということである。かれは内在的な人間学ではなくして、いまや一個の「超越学」、すなわち宗教をもとめているかにみえる。ここに、遺稿「親鸞」につながる線がみえてきたといってよい。

満州事変の勃発を契機として顕在化するにいたった国内におけるファッシズム体制の強化、それにともなう労働運動・社会主義運動の退潮という一連の情勢のもとで、知識階層の心理に滲透し瀰漫しつつあったものは、自己の無力感に発する「危機の意識」であり、「不安の意識」であった。日本の知識階層を広汎にとらえつつあった、このような「危機の意識」や「不安の意識」の実体は、一体いかなるものであるのか、そしてまた、それはどのような方向において克服可能となるのであろうか――この問いにこたえ、それにたいする処方箋を用意することが、すでにマルクス主義の戦列から実質的に後退していた、いわば「転向」後の三木清の課題となった。というよりは、この問いにこたえ、それにたいする処方箋を用意することをもって、三木清は自己の課題とするにいたったかにみえる。

すでにかれは、昭和四年（一九二九年）一月、雑誌「改造」誌上に発表した「危機における理論的意識」（のちに、『史的観念論の諸問題』の「跋文」として収録）において、「思想の危機の叫びは、……現実に於ては思想の性格といふことに最も多く関係してゐる。思想の危機の叫びのうちに表現されるものは、思想に於ける理論的なものではなくて性格的なもの」であり、「思想の性格といふのはひとつの実践的な概念である」ということを指摘し、危機の時代における支配階級の思想が「実践的」性格をおびることにより、「理論そのものの否定」にいたるゆえん、したがってそれに対抗するための方策は、理論を実践から分離することによる純粋な理論的意識の維持にもとめらるべきではなくして、逆に、理論的意識の実践への結合、「理論と実践との弁証法的統一」にもとめらるべきであることを力説している。昭和七年（一九三二年）一一月、雑誌「理想」誌上に発表せられた「危機意識の哲学的解明」は、この観点を継承し、それに、より詳細な哲学的分析をくわえたものである。そのなかでかれはつぎのように述べている。

「思想の危機の時代には思想は主として性格において問題にされる。そこでひとは或る思想について客観的に真であるか否かを吟味することなく、ただその性格をのみ論ずるやうになる。そしてまたかやうな事情においては……ひとは無性格な思想を撒き散らして恥ぢることを知らない。ひとは自己の思想の主体的真実性について顧みることをしないにも拘らず、徒らに他人の思想の性格を問題にする。かくの如きを我々はソフィストと呼ぶ。ソフィストには思想の存在的真理性も存在論的真理性も共に何等根本的に問題にならない。彼等は正しく知らうとも、ほんとに理解しようともしない、彼等にとつては実践が問題でないからである。ソフィストの輩出、殊に彼等が批判家、批判の批判家の名において出現するといふことは思想の危機のひとつの徴候である。ソフィストはただロゴス（言葉）のうちに立て篭り、ロゴスをのみ栖とするものである。彼等には超越の問題が顕はでない。超越は実践の立場において二重の超越として現実的になる。実践は一切のソフィズムを粉砕する。」（『著作集』第一一巻、二三六—七頁）

ちなみに、三木がここでいう「思想の存在的真理性」とは「思想の価値」にかかわる「客体的真理」（＝「対象的真理」）がもつ真理性のことであり、「存在論的真理性」とは「思想の性格」にかかわる「主体的な意味における真実性 Wahrhaftigkeit」、つまり「存在の根拠」としての「超越的」な「事実」Tat-sache がもつ真理性のことにほかならぬ。この二つの真理性に対応するものとして、かれは、「存在」による客体への超越と「事実」による主体への超越という「二重の超越」を考え、そしてそれは「実践」においてのみあきらかとなると考えるのである。かれはいう、「意識は外において存在によつて規定されるのみでなく、内において事実によつて規定されてゐる。正しいと知つただけではなほ行為的に動かされない、ほんとに分つたときはじめて主体的にはたらきかけられ、かやうにして実践に促され、或ひは自己において自己自身の思想を孕まされるのである」（前掲書、二三一頁）。ここで、三木が考えている「存在的真理」と「存在論的真理」、それに対応する「存在」と「事実」の、意識にたいする「二重の超越」――これらはすべて、著作『歴史哲学』においてすでにわれわれが接したところの形成期における三木哲学の基本概念であった。

以上、三木清は、折から知識階層の心理を規定しつつあった「危機意識の哲学的解明」をおこなうことにより、それからの脱出の方途を「理論と実践との弁証法的統一」、あるいは「実践」による「存在的真理と存在論的真理との弁証法的統一」にもとめたということができる。

「危機意識の哲学的解明」にみられる、このような三木清の問題意識は、同時に、「不安」の思想の超克への努力、それによる「新しいクラシカルな人間の定義」の探究、すなわち、「ネオ・ヒューマニズム」の提唱につながるものであった。かれは、昭和八年（一九三三年）六月、雑誌「改造」誌上に発表した「不安の思想とその超克」のなかでつぎのように述べている。

「日本においても昨年あたりからインテリゲンチャの精神的状況にかなり著しい変化が現はれて来たのではなからうか。ひとはこれを満洲事変といふ重要な事件を目標にして特徴附けて事変後の影響と呼ぶことができる。事変後の影響によつてインテリゲンチャの間に醸し出されつつある精神的雰囲気はほかならぬ『不安』である。それは今後多分次第に深さを増し、陰影を濃くして行くのではないかと思はれる。不安の文学、不安の哲学等は知らず識らず人々の心のなかに忍び入り、やがてその主人となるかも知れない。むろん従来とても決して不安が存しなかつたのではない、けれどもそれは不安として十分に内面的になり得ない事情にあつた。かくて今我々は、現在すでにますます多くの愛好者、追随者を見出しつつある不安の思想の根本的性質を理解し、批判すべき必要に迫られて来たのである。」(『著作集』第一三巻、一三四―五頁)

三木がここに指摘するような、日本のインテリゲンツィアの心理にしだいに滲透しつつあった「不安」の意識は、あきらかに満州事変以降の日本の社会情勢の推移と変化の産物であるが、このようなインテリゲンツィアの意識を受容の基盤として、折から普及しつつあった「不安の文学」や「不安の哲学」はいうまでもなくヨーロッパ産のものであった。プルースト、ジードなどによって代表されるフランスの「不安の文学」がこれであり、またハイデッガー、ヤスパースによって代表されるドイツの「不安の哲学」がこれであった。したがって、「不安の思想の根本的性質」を理解するためには、これらヨーロッパ産の「不安の文学」や「不安の哲学」の分析が一応の手がかりとなる。日本のインテリゲンツィアの「不安」の意識の、いわばモデルともいうべきこれらヨーロッパ産の「不安の文学」、「不安の哲学」の根本的特徴はどこにあったか。この点を分析して三木はつぎのように述べている。「要するに、不安の哲学も不安の文学も、ヤスペルスの語を転用すると『限界情況』におかれた人間の表現であるといつて宜いであらう。なによりも客観的社会から孤立させられることによつて、人間はかくの如き主観的な限界情況に追ひやられる。」だとすれば、このような根本的性格をもつ「不安」の思想の超克はいかにして可能であるのか。この点についての三木の意見はこうである。「不安の思想が社会的不安に制約されてゐることは言ふまでもない。そのことは何よりも、互に直接に交渉してゐないやうに思はれるフランスの文学とドイツの哲学とが、右に述べた如く根本において共通の性質を含んでゐるところからも察知され得るであらう。それ故に社会的不安にして絶滅されない限り、不安の思想が完全に超克されることは不可能であるといはれるであらう。かくて最も基礎的な問題が実践的にこの社会を革新することにあるのは確かである」(前掲書、一五〇頁)。この三木の問題のたて方はどこまでも正しいといえる。しかし、いうは易くおこなうは難しとはまさにこのことであろう。実践的社会変革の可能性が、かりに主観的幻想という形にせよ、そなわっていたとするならば、そもそも「不安」の意識などがはびこる余地がないというものであろう。しかし真相は客観的にはおろか、主観的にも実践的社会変革の可能性が日一日とうしなわれつつあったというのがいつわらぬこの時点における情勢であった。事実、この昭和八年(一九三三年)一月には、大塚金之助、河上肇が検挙され、二月には小林多喜二が東京築地署で虐殺され、四月には自由主義的学者追放の第一号事件として知られる「滝川事件」が発生しており、そして三木がこの論文を発表した六月には日本共産党の幹部佐野学、鍋山貞親が獄中より転向声明をだし、以後の大量転向の口火をきるにいたっている。三木のいう「自由主義以後」へとまさに情勢は推移しつつあったのである。したがって三木は、「不安」の思想を超克するための「最も基礎的な問題」が実践的社会変革にあることを確認しながらも、一歩後退した地点で、その処方箋を書かざるをえない。三木はいう、「しかしいま不安の文学及び不安の哲学として提出された問題は、文学及び哲学そのものに関する限り、一般に如何なる方向において解決を求むべきであらうか」と。ここに、三木の、というよりは一般に当時の日本の進歩的言論の追いつめられた姿勢があったといってよい。それでは「文学及び哲学そのものに関する限り」での三木の処方箋はどのようなものであったか。かれはつぎのように提言する。

「不安の思想の超克のためには人間に値する新しい人間の定義が与へられねばならぬ。」

「現代の『生の哲学』は、人間の研究を中心的なテーマにしたが、現実の『人間』に『生』といふ或るロマンティックな、しかも漠然とした概念を置き換へることによつて、何等正確で明瞭な人間規定を与へてゐない。……ドイツ古典哲学の崩壊以後、哲学は一度もクラシカルな人間のタイプを形作らなかつたといつてもよい。我々に与へられたタイプといへば、不安の思想における不安の人間である。かかる思想を超克するために、哲学は新しい人間のタイプを正確に、明瞭に、具体的に規定しなければならぬ。これは単なる観念論的乃至個人主義的要求と看做さるべきことではない。これは新しい歴史的社会的条件のもとに、新しい哲学的基礎の上においてなされねばならぬことである。一時マルクス主義が多くの青年の心を捉へたのも、現代の諸哲学において人間がタイプとして崩され、失われてゐたとき、それが『プロレタリアート』の名のもとに新しい人間のタイプを与えようとした魅力によるところもあつたであらう。しかしそこに示された諸要素も、まだ十分に正確で、明瞭で、具体的なタイプにまで綜合され、形成されてゐない。我々はその場合、人間は社会的存在であるとか、存在が意識を決定するとかいふやうな規定にとどまらないで、例へば、感覚とか思惟とか、感情とか意志とか、また身体とか、社会とかいふものに新しい哲学的規定を与へ、かくて社会的存在といはれる人間を底の底まで哲学的光のうちに規定し、形成し直さなければならないであらう。感覚とか感情とかいつても、それに新しい透徹した解明を与へないで、ただそれに実践的とか社会的とかいふことを附け加へるだけで満足することができないであらう。いづれにせよ、新しい人間のタイプが心理学や生物学や経済学などの夾雑物としてではなく、哲学自身の方法及び手段によつて、統一的に、具体的に規定され、構成されることが要求されてゐるやうに思はれる。」(前掲書、一五二頁、一五三―四頁)

以上、三木によれば、「文学及び哲学そのものに関する限り」での「不安」の意識の克服は、「哲学自身の方法及び手段」による「新しい人間のタイプ」の創造でなければならなかった。しからば三木は、「新しい人間のタイプ」を創造するための、どのような具体的な「哲学自身の方法及び手段」を用意していたのであるか。この点について、かれは「不安の思想が立つてゐる……諸見地の一面性乃至抽象性が理解され、それに対立する諸見地の重要性が正しく把捉さるべき」であると前置きして、つぎのように述べている。

「先づ時間性の見地に対して空間性の原理的な意味が示されねばならない。次に一面的にパトロギー的な見方に対して理智、理性、一般にロゴス的意識の固有の力と権利とについての信用と認識とが取り戻され、かくてパトロギーに対する意味におけるイデオロギー的見方が十分に主張され、滲透しなければならぬ。更に主観性のリアリズム或ひは主体的真実性に対して客観的なリアリズムもしくは客体的現実性の重要さが強調さるべきことは固よりである。更に純粋に記述的な方法に対して創造と構成的方法との必要が力説されねばならぬであらう。しかもすべてこれらのことはそれ自身一面的にでなく、弁証法的に考へるべきであると思ふ。かやうにして我々のいふ如き主体と客体との弁証法、従つてまたロゴス的意識とパトス的意識との弁証法が、体系的に展開されると共に、個別的に現実化され具体化されることが必要であると信ぜられるのである。例へば、タイプとは如何なるものであるかといへば、単に客観的な抽象乃至概括ではなく、客観的なものの単なる模写でもない。タイプは主体的意識から構成されるものである。しかしまた単にそれだけでなく、どこまでも客観的に与へられたものに相応し、一致する方面がなければならぬ。……タイプはロゴス的意識とパトス的意識との統一の上に立つものであると言ひ換へることができるであらう。」(前掲書、一五六―七頁)

以上われわれは、すこしく詳細に三木の論文「不安の思想とその超克」の内容を考察してきたのであるが、要するに、三木が「不安」の意識を克服するための処方箋として用意したものは、「ロゴス的意識とパトス的意識との弁証法」的統一による「新しい人間のタイプ」の創造ということであった。このような問題提起にみられる三木の発想と問題意識は、やがて「ネオ・ヒューマニズム」という形で一般化されるとともに、あるいは「新しい人間の哲学」(昭和九年・一九三四年九月「文芸」)として、あるいは「人間再生と文化の課題」(昭和一〇年・一九三五年一〇月「中央公論」)として、あるいはまた「ヒューマニズムの現代的意義」(昭和一一年・一九三六年一一月)として、執拗にそして倦むことなく、さまざまのヴァリエィションをもって展開されることとなる。

ところで、「危機意識の哲学的解明」をおこない、「不安の思想」との対決をつうじて、いまや「新しい人間のタイプ」の哲学的形成を志向しつつあった三木清に、折からつたえられたものはマールブルク以来の師ハイデッガーのナチス入党の報であった。それはヒューマニズムの立場からいって、とうてい容認しうるものではなかった。かれはハイデッガーのフライブルク大学総長就任演説「ドイツ大学の自己主張」(Die Selbstbehauptung der deutschen Universität, 1932) を手にしてつぎのように宣言する。昭和八年(一九三三年)一一月のことである。

「ハイデッガーの哲学とナチスの政治とは如何にして内面的に結び付き得るか。この問に答へるに困難を感じた人は、あのニイチェを媒介にして考へてみるがよい。ハイデッガーとニイチェとの間に如何に密接な関聯があるか、如何に多くのものを前者が後者から取つて来てゐるかは、二人の書物を取り出して多少詳しく読めば誰にも気付かれることである。ジイドとニイチェとの関係もさることながら、ニイチェとハイデッガーとの類似にはまことに顕著なものがある。ニイチェは現代の不安の思想に深い影響を及ぼした。そしてハイデッガーの哲学にもまさにそのやうな方面のあることは疑はれない。然るにニイチェは、かくの如きいはばドストイェフスキー乃至キェルケゴール的一面を有すると共に、他面において超人の伝道者であり、貴族主義者、英雄主義者であり、戦争の或る讃美者であり、熱烈な愛国主義者ですらあつた。我々は今やナチスの教授ハイデッガーにおいてニイチェのこの後の一面が強調されて現はれて来たものと見ることができる。ハイデッガーの哲学者としての独創性についてはいろいろ議論があらう。彼の哲学の専門学術的価値はともかくも、現代といふものに対する関係について云へば、彼の意義は殆ど凡てニイチェにおいて既に尽されてゐると云つても誇張ではないと思ふ。」

「ハイデッガーはドイツの国民主義的統一の原理を、血と地と運命とに、凡てパトス的なものに求めるやうである。客観的原理は何も示されてゐない。ニイチェによれば、ディオニソス的なものは『個別化の原理』を否定し、根源的一者の統一である。……ナチスのディオニソス的舞踏は何処に向つて進まうとするのであるか。ロゴスの力を、理性の権利を回復せよ。

ハイデッガーはニイチェのうちに没した。ニイチェの徹底的な理解と、批判と、克服とは、現代哲学にとつてひとの想像するよりも遙かに重要な課題である。」（「ハイデッガ

ーと哲学の運命」『著作集』第一一巻、三一四―五、三二三―四頁）

三木清によるナチズム批判は間接的な日本ファッシズム批判にほかならぬ。三木清にとって、ハイデッガーがそこへ埋没した「ニイチェの徹底的な理解と、批判と、克服とは」、ナチズム批判をつうじての日本ファッシズムの批判につながっていたのである。それでは三木によるニイチェとの対決はどのようにしておこなわれたであろうか。われわれはそれを昭和一〇年（一九三五年）三月、かれが雑誌「経済往来」に発表した「ニーチェと現代思想」においてみることができる。かれはそこでつぎのようにいう、「ニーチェは従来さまざまに解釈され、かくてさまざまな方向に影響してきた。彼の自然主義、実証主義乃至生物学主義が語られると共に、彼の浪漫主義、彼の理想主義すらが論じられた。極端な伝統破壊者と見られる一方、貴族主義的な伝統主義者と見られた。最悪の無神論者として罵られる彼は、他方熱烈に神を求めたドイツ最後の哲学者として挙げられる。生の徹底的な肯定者、生の歓喜の讃美者と考へられる彼は、また不安の哲学者、底知れぬペシミストとも考へられる。」このように「たしかにニーチェは種々の解釈を容れ得るものをもつてゐる。」いま、問題なのは「ニーチェの本質を摑み出すことによつて、種々の解釈のうちいづれが根本的で、いづれが表面的であるかを批判し評価」することであると。しからば三木は、どこに「ニーチェの本質」があるとみたのであろうか。かれはそれを「摑み出す」方法を、かれがかつてパリの下宿で読みふけったことのあるテーヌのうちにみいだした。かれはテーヌが歴史理解の基礎と考えた「頭主的能力」(faculté maîtresse)の思想が、ニーチェのごとき難物を理解するに際して、「特に適切な方法論的役割を果し得る」と考える。「ニーチェに於けるファキュルテ・メートレスは何であらうか」という問にこたえて、それは「文献学者」(Philolog)たることにあったとこたえられる。けだし、文献学者はつねに「系譜学的」に思考する。しかして「系譜学的思考は端初への情熱によつて生かされてゐる。」ニーチェは「ヨーロッパ文化の端初であるギリシアを熱愛したのみではなく、ギリシア文化においても特にその端初を尊重した。」「かくの如き端初への情熱は言ふまでもなく根源的なもの、原始的生命に溢れるもの、純粋なものに対する情熱である。」ところで、「純粋なもの」、すなわち「純粋性」(Echtheit)という概念はすぐれて「文献学的概念」である、と。証明はこのようにしてすすめられる。三木清によるニーチェ批判の結論はつぎのようなところにあった。

「ニーチェはたしかに創造と実践を求めたであらう。しかし彼自身は結局『認識する者』であつた。権力意志を説いた彼も行為の立場を確立することができなかつたのである。創造する者は無知でなければならぬといひ、『知識の樹は生の樹ではない』ことをあんなによく知つてゐたにも拘らず、ニーチェは生れ附いた文献学者であり、知識する者であつた。彼は結局ミソロゴスでなく、フィロロゴスであつた。よし彼がこのロゴスに従来の理性や科学とは異る新しい意味を与へたにしても、彼のニヒリズムは『知性のペシミズム』と深く結びついてゐたのであり『認識する者の悲劇』が彼の運命であつたのである。」（『著作集』第一一巻、三七五頁）

以上、三木清によれば、ニーチェは「認識する者」ないし「知識する者」であり、決して「行為する者」ないし「行為の立場を確立する」者ではありえなかったのである。三木はこのようにハイデッガーの師ニーチェの本質を規定した。したがって、かれにとって、ニーチェの克服、したがって「ナチスの教授ハイデッガー」克服の道は、「ロゴスの力」と「理性の権利」をたずさえた「行為する」者ないし「行為の立場を確立する」者において可能でなければならなかった。かれがハイデッガーのナチス入党の報を耳にして、「ロゴスの力と理性の権利を回復せよ」と叫ぶとき、かれの念頭に去来していたものは、いままで陰に陽にかれに影響をあたえてきた「西田哲学」であった。「純粋経験」という体験的事実を論理的に形成することにおのれのフィロゾフィーレンを賭ける、すなわち、パトス的なものにたいしてロゴス的なものを要求してやまぬ恩師西田幾多郎の姿であった。かれは、以後、しだいに西田哲学へと傾斜してゆく。かれはその頃の日記につぎのように書きつけている。「午後鎌倉に西田先生を訪ねる。今日は身体の問題について面白い話があつた。先生と話してゐると勉強がしたくなる。自分も哲学者として大きな仕事をしなければならぬ。自分の使命と力とを決して軽く見てはならない。私には出来るのだ。他を羨むことも恐れることもない。私の現在の境遇が何だ！　仕事だ！　仕事だ！　さう考へると私は幸福になる。私には力がある」（傍点―筆者）。この言葉からも察しられるごとく、三木は終始「哲学者として大きな仕事をしなければならぬ」と期していたようである。すでにみてきたように、かれは多く学者風に語っているし、哲学者たらんとするはその初志であったかにみえる。かれは『歴史哲学』や未完の遺著となった『構想力の論理』風のものを自己の「表芸」と考え、『人生論ノート』や社会評論のたぐいは「裏芸」にすぎぬと考えていたようである（唐木順三、前掲書）。しかし、かれは、かれのいう「表芸」に徹するには、あまりにも社会と時代とにたいする感覚と関心とにおいて敏感かつ旺盛であったし、また定職をもたぬかれにとって「表芸」のみでは生活の資が枯渇するおそれもあった。『歴史哲学』執筆当時はしばらく鳴りをひそめていたかれも、折から知識階層の心理をとらえつつあった「危機」意識や「不安」の思想を素材にふたたびジャーナリズムの表面におどりでたのである。そのようなかれの動向はかれの名声への野心を一方において踏まえるものであったかもしれないが、そしてまた、その問題のとりあげ方が一部文学者によってあげ足をとられるような甘さをふくんでいたかもしれないが、にもかかわらず、かれの発言は、在野思想家としての良心のあり家をしめすものであったことに間違いはない。ところで、「危機意識の哲学的解明」や「不安の思想とその超克」にみられたかれの主張は、昭和初頭のマルクス主義者をもってみずから任じた頃のかれの主張に比較すれば、それはあきらかに一歩後退したところで展開せられてはいたが、しかし全体としてまだ威勢のよいものであった。というのも、それだけ思想発表の自由の余地がのこされていたからである。しかし情勢の推移はもはやそれをゆるさなくなっていた。いわゆる「天皇機関説」問題の発生は、それを告げるものであったのである。

「東亜協同体」論

三木清が「ニーチェの現代思想」を発表した昭和一〇年（一九三五年）三月、折しも第六九帝国議会において、東大法学部教授美濃部達吉のいわゆる「天皇機関説」が問題化していた。この問題は美濃部の議会における理路整然たる「弁明」にもかかわらず、「学説を超越した日本観」の問題であるとして、右翼団体、在郷軍人会、陸・海軍が一斉にとりあげ、それを排撃するにおよび、一大社会問題にまで発展するにいたった。この情勢にたじろいだ時の岡田内閣は、同年四月、各学校に「国体明徴」の訓令をだすかたわら、美濃部の『逐条憲法精義』以下の憲法関係の三著書を発禁処分、その他二著書を改訂命令処分に附し、また美濃部も貴族院議員を辞するにいたったが、軍部、とくに陸軍はそのような処置では満足せず、より断乎とした処置をせまった。そこで政府は、八月には「国体明徴」の具体的事項を、さらに一〇月には「国体明徴」に関し従来おこなった処置を「処置概要」

として発表、「漫リニ外国ノ事例学説ヲ援イテ我国体ニ擬シ、統治権ノ主体ハ天皇ニマシマサスシテ国家ナリトシ、天皇ハ国家ノ機関ナリトナスカ如キ、所謂天皇機関説ハ、神聖ナル我国体ニ戻リ、其本義ヲ愆ルノ甚ダシキモノニシテ厳ニ之ヲ芟除セサルヘカラス」と、「機関説」を公式に否認するとともに、今後は「政教ソノ他百般ノ事項総テ万邦無比ナル我国体ノ本義ヲ基トシ、ソノ真髄ヲ顕揚スル」ことに「全幅ノ力ヲ効サンコトヲ期ス」るにいたった。かくて、この事件を契機に、従来知識階層の間でおこなわれていた「機関説的天皇」解釈の思想は全くほおむりさられるにいたり、軍部、右翼団体の奉ずる「統帥権的・神権的天皇」思想が官許公認の正統思想として跋扈するにいたった。このような事件の推移は、本来、一憲法学説上の問題にすぎないかにおもわれた「天皇機関説」問題が、その実はまさに「学説を超越した」問題にほかならなかったことをしめすものであったのである。けだし、近代の日本においては、「天皇」ないし「天皇制」評価の問題は、それにもとづいて一切の価値が決定せられる究極的価値規準の帰趨如何にかかわる問題であり、したがってその評価が、いま軍部・右翼団体の奉ずる「統帥権的・神権的天皇」解釈思想として確定したことは、以後、一切がこの究極的な価値規準にもとづいて容赦なく截断せられるであろうことを意味したからである。それは、軍部を主導とするファッシズム勢力による、政治的には議会政治の否定、思想的には自由主義思想否定の公式宣言にほかならなかったのである。かくて、日本における思想発表の自由の範囲は一段とせばめられ、三木のいう「自由主義以後の自由主義」の時代がはじまった。

三木が「読売新聞」の夕刊「一日一題」欄の執筆を担当、毎週火曜日に寄稿しはじめたのは、このような情勢下においてであった。その後のかれの動向は、あたかも「日本に残された思想の自由の範囲の伸縮の度合を示す刻々のバロメエター」であったといわれる。三木による第一期の「一日一題」欄の執筆は、昭和一〇年(一九三五年)三月一九日の、一切を政治化しようとする時代の危険を「天皇機関説」問題に事よせて警告した短文「政治の過剰」にはじまり、昭和一一年(一九三六年)一一月二四日の「統制と思想」をもって終っている。それらの短文は、かれの言葉によれば「一方一時的な現象を取上げながらその中により永続的な問題を考へ、他方より一般的な思想を時事的な問題に関はらせて述べ」た、いわば「筆者の眼に映じた時代のクロニクル」(『著作集』第一四巻、三八一頁)であった。つぎに、そのなかから若干の文章を拾いあげてみることにする。

「一法律学者の学説が政治問題化した。私は法律学上のことを論ずる資格を有しないが、仮りにその学説が間違つてゐるにしても、そのためにその人が曲学者、非国民であるかの如く云ふのは、いかがであらうか。そこにすでに政治の過剰が見られ、かかる政治の過剰が思想の悪化の一原因となつてゐはしないかと疑はれるのである。」「すべては政治化する。これが現代の特徴である。」「一定の思想に基いて政治的に他の学説を非難し圧迫しようとするとき、それは単に政治的問題に留まり得るものではない。他を政治的に問題にすることによつて、自己が学問的に問題にされる立場におかれるといふことに注意しなければならぬ。論者は政治的権力によつて他に沈黙を命令し得るかも知れない。しかし同時に自己が、欲すると欲せざるとに拘らず、問題の拠つて立つ論理上及び方法論上の諸法則の前に引出されることになるのである。」「かやうにして中世の終り、近世の初めにおいて、キリスト教神学は新しい科学思想を非難し圧迫すればするほど却つて自己が科学的に批判される傾向を激成したのであつた。それは西洋のこと、過去のことであると云つてはならぬ。比較はすべての学問研究に要求される一法則である。」「政治の過剰は政治的思考の充実を示すものでなく、反対に政治の科学性の没却、政治哲学の貧困を語るものである。」（「政治の過剰」昭和一〇年三月一九日）

「最近非常な歓迎を受けたのは小原法相の似而非愛国主義者に対する取締りについて

の演説である。私も法相の言明に大いに敬意を表するものであるが、同時にそのやうな似而非者流の輩出するに至つた原因を考へてみることが必要であらうと思ふ。」「いつたい愛国心を持つてをらぬ人間は先づないと云つてもよいので、もし自分には愛国心がないと云ふ者があれば、虚勢を張つてゐるに過ぎぬと考へて間違ひないほどである。自分の国のことをいろいろ批評する者も、根本において自分の国を愛してをればこそ批評するのであつて、もし何の愛もなければ批評する興味すら起らないであらう。しかるに自分の国のことを批評する者は愛国者でないかの如く非難されるとすれば、それは言論の自由が認めらるべきものでないといふ前提の下においてでなければならぬ。言ひ換へると、似而非愛国主義者の出たために言論が圧迫されたといふのみでなく、寧ろ言論の圧迫があつたために似而非愛国主義者も生じ得たのである。言論にもつと自由が認められてゐたならば、そのやうな似而非者流の輩出する筈もなかつたであらう。」(「原因と結果」一九三五年五月七日)

「日本帝国主義の雄飛を欲する者は、日本の精神的文化の同様の偉大さを望むべきであらう。然るに事実は、皇道主義等の美名のもとに、純粋性すらない実際化と単純化とが種々の方面において行はれてゐるのである。」「今日我々に必要なことは、純粋性を或る程度犠牲にしても、西洋文化を学ぶことによつて知的構成力、理論的組織力を養ひ、我々の文化に大きさを作ることでなければならぬ。日本精神の純粋性に固執してゐる間に、日本への専売のやうに云はれる東西文化の綜合といふやうな組織的な構成的な仕事も、他に先鞭を着けられてしまはないとも限らない。」（「日本文化の方向」一九三五年一二月一七日）

「政府が挙国一致のために議会解散を行はねばならぬとすれば、それは政府が政党を地盤としてゐないからである。政友会や民政党が挙国一致を云ふとすれば、その前提には政党連繋が必要と思はれる。けれども政党連繋は少くとも選挙戦のスローガンとしては魅力がない。しかも政党人の殆ど誰もが実際に考へてゐるのは、選挙後たとひ岡田内閣が退却しても、やはりこの式の挙国一致内閣が出来るに過ぎないといふことである。選挙における政党の問題は多数党であつて挙国一致ではないであらう。憲政の常道は多数党内閣であつて挙国一致内閣ではなからう。しかも現実においてはただ挙国一致のみが問題になり得る。それが非常時なのである。」「『多数者』から『挙国一致』へ――それはただ喜ぶべき量的増加を意味するに過ぎぬかのやうに見える。しかし実は、それは量の問題でなく質の転化である。だから挙国一致は政党政治の否定であることができる。

挙国一致は場合によつては独裁政治の別名となり、従つて挙国一致は場合によつては真の多数者としての『大衆』に対立するものであることができるのである。」(「挙国一致」一九三六年一月二三日)

「あの二・二六事件以後の著しい変化は、民衆の政治的関心の昂揚であると云はれる。この点においてそれは過般の総選挙などとは比較にならぬ重要な意義をもつてゐる。事件の突発はあらゆる談話を無用にした。しかし突発した事件の結果はあらゆる談話の動機となつた。このやうな談話は輿論として表現され、かくて政治的関心の昂揚は公衆の発達を齎したであらうか。寧ろ反対に公衆は解消されつつあるやうに見える。」「報道や言論の自由が甚だしく制限され、公共性をもたぬ流言蜚語が蔓延し、民衆の政治的関心といふものがそのやうな流言蜚語によつて刺戟されてをり、そして彼等の意見が輿論として表現される公共の場所をもたないとき、公衆は解消する。」「公衆は解消されて集団としては『群衆』に還る。群衆は一層自然的な集団であつて、自然的な力に縛られてゐる。彼等を結合するのは知的な公共的な判断でなく、恐怖憤慨等の情緒衝動であり、また群衆は晴雨寒暖等の物理的環境に依存する。」「尤も、公衆は歴史的範疇としては自由主義と結び附いたものであるとも考へられる。現代の社会においてはいはゆる公衆は

『身体をもたぬ精神』であり、現実的な政治力とはなり得ない、公衆に代つて階級的な物理的力を有する『大衆』といふものが現はれてゐると云はれる。しかしながら大衆も単なる群衆でないならば、或る公衆性を有するのでなければならないであらう。」「談話の公共性が存しないとき、ジャーナリズムが本来の機能を発揮し得ないとき、公衆或ひは大衆の公衆性は失はれる。それは何を結果するであらうか。深く考ふべき問題である。」(「公衆の解消」一九三六年三月三一日)

以上、「一日一題」欄に執筆せられた八四篇にわたる短評論の中から批判的言辞の比較的あらわな若干の文章を拾いあげてみた。そこにみとめられるものは、おそらく当時としては「ぎりぎりの表現」を使い、時事問題に事よせて日本ファッシズムの台頭に懸命に抵抗している三木の姿であるといってよい。かれは昭和一〇年(一九三五年)三月の「行動的人間について」という評論のなかで、「客観的真理が我々に極めて不利な場合、我々はかかる客観的必然性の前にただ立停り、それに服従することをもつて甘んずるであらうか。そのとき我々は『必然性の認識が自由である』といふやうな自由の見方を受け容れることができるであらうか。……不安の時期における根本問題のひとつは、如何にして客観的必然性を主体化し得るかといふこと」であると語っており、そしてまた、昭和一六年(一九四一年)

一〇月刊行せられた論文集『哲学ノート』の「序」では、「もとより私はそれらを単に私の個人的な関心からのみ書いたのではない。現実の問題の中に探り入つてそこから哲学的概念を構成し、これによつて現実を照明するといふことはつねに私の願であつた」と語っている。「客観的必然性を主体化」するということ、いいかえれば、「現実の問題の中に探り入ってそこから哲学的概念を構成」するということは、「暗い谷間」の時代における三木の一貫した問題意識であったかにみえる。このかれの問題意識は、総じて現実とは、客観的な諸条件とそのもとでの人間の主体的な営みとの総体であり、したがって客観的には絶望的諸条件のもとにあっても、なおかつ、現実の帰趨にたとえ極微的であるにせよ、人間の主体的な営みが参画しうる余地が残されているのだという確信に発するものであったということができるであろう。それにもかかわらず、かれをもふくめて日本の現実は日一日と破滅への道をいそいだのである。昭和一一年（一九三六年）二月二六日の、いわゆる「二・二六事件」の勃発は、かれも述べているように「あらゆる談話を無用にした」。「問答無用」とはこのことである。戸坂潤の表現をかりれば、かくて一切の「インテリ文学的『不安』はケシ飛んだ」のであり、知識人はいまさらのように「現実界の現実的な不安」に目ざめさせられたのである（「不安の二種類」「中央公論」）。

「二・二六事件」の責めを負って退陣した岡田内閣にかわり、同年三月成立した広田内閣は、同年八月、「列国ノ東洋ニオケル覇道政策ヲ排除シテ、日満支三国ノ共存共栄ヲ図ル」「帝国国策基本要綱」を発表した。ここに日本の対アジア政策の基本方向がうちだされ、これにもとづいて、同年一一月、「日独防共協定」が締結され、以後、国策思想としていわゆる「大東亜共栄圏」思想が徐々に形成されていったのである。

三木清は、「読売新聞」の「一日一題」欄の執筆頃より目だって時事問題・社会問題について発言するようになっていたが、かれの当面の課題は、昭和六年（一九三一年）九月の満州事変に端を発し、次第に収拾不可能におちいりつつあった「日支問題」を合理的に処理するための処方箋を用意することであり、そのことをつうじて、蓑田胸喜、三井甲之らをリーダーとする「原理日本社」系のアルトラ・ナショナリスト、あるいは「大亜細亜協会」所属の九大哲学科教授鹿子木員信およびその一統の、いわゆる「皇道哲学」派が公然とかかげる大陸への帝国主義的侵略イデオロギーといかに闘ってゆくかということであった。これは単に三木清のみならず、当時の良心的インテリゲンツィアに共通の問題意識であり、課題であった。昭和一一年（一九三六年）一一月、近衛文麿の級友後藤隆之助が中心となり結成された「昭和研究会」に、理論家として参画した三木清、蠟山政道、尾崎秀実らのインテリゲンツィア、あるいは中国の民族解放と世界道義性の創出を主張として、いわゆる「東亜協同体」論に参加した相川春喜、三枝博音、船山信一らのインテリゲンツィアは、その見解に異同はあれ、すくなくともこのような問題意識をふまえ、このような課題をもったひとびとであったといってよい。昭和一二年（一九三七年）六月、軍部ファッショとブルジョアジー・官僚とを調停する、いわば最後の切札たる役割をになわされて第一次近衛内閣が成立した。そして翌七月七日、北京郊外の蘆溝橋で日中両軍が衝突するにいたり、満州事変にはじまる日支問題は、ここに日中全面戦争にまで拡大せられるにいたった。事態はもはや収拾不可能となった。時局を担当する近衛内閣にして可能なことは、軍部ファッシズムとの妥協をつうじて、他方これを消極的に抑制し是正する宥和政策を展開することであった。近衛のブレェン・トラスト「昭和研究会」に理論家として参画した三木清らのインテリゲンツィアは、この近衛の宥和政策を理論的に代弁することをつうじて、軍部ファッシズムに消極的にではあるが抵抗してゆく道をえらんだのである。すなわちかれらは、第一次近衛内閣によって、昭和一三年（一九三八年）一一月、「東亜新秩序建設」声明という形でうちだされた日本の対アジア政策、それに呼応して、第二次同内閣によって、昭和一五年（一九四〇年）一〇月、「大政翼賛会」の結成という形で展開されるにいたった国内の「新体制」運動、これら一連の近衛内閣の対外対内政策を理論化する、いうならばそれに哲学的基礎をあたえることによって、一方では、日中全面戦争にまで拡大せられるにいたった既成事実としての軍部による大陸侵攻を大義名分をうちたてることによって理念的に浄化し、他方では、軍部ファッショが希望する「高度国防国家建設」を国民組織としての「大政翼賛会」による「日本新秩序」論として立案し、それらのことをつうじて、消極的にではあるが軍部ファッショの独走をくいとめようとしたのである。しかしながら、既成事実の承認をつうじての、その理念的浄化のこころみとは、所詮、既成事実のイデオロギー的欺瞞的美化につうずるものではなかったのではなかろうか。事実、広田内閣がかかげた「帝国国策基本要綱」といい、第一次近衛内閣が声明した「東亜新秩序建設」といい、ロでは、前者は「列国ノ東洋ニオケル覇道政策ヲ排除シテ、日満支三国ノ共存共栄ヲ図ル」ことを、後者は「善隣友好」・「防共共同防衛」・「経済提携」の三原則を、それぞれ謳ったものの、その内実は日本の大陸への侵略行為のイデオロギー的擬装であり、イデオロギー的美化にほかならなかったのである。現実には欧米列強に伍してアジアへ帝国主義的侵略を強行しながら、理念的には欧米帝国主義からのアジア解放をとなえるという矛盾、名目的にはアジアの共存共栄のイデオロギーでありながら、実質的には帝国主義的侵略イデオロギーにほかならぬという矛盾――これが「帝国国策基本要綱」以来の日本の対アジア政策に終始つきまとった矛盾であり、それに欺瞞的性格をあたえたところのものであった。「昭和研究会」所属のインテリゲンツィアによる近衛内閣の対外対内政策の理論的基礎づけ、それをつうずる日本帝国主義の理念的浄化のこころみも、所詮、この矛盾をまぬがれることができなかったのである。三木清をはじめとする「昭和研究会」所属の一群のインテリゲンツィアの思想活動は、当初より以上のごとき矛盾と問題点とをはらんでいた。

それでは、これらのインテリゲンツィアはどこに思想活動のきっかけをみいだし、そしてまた、それをどのような形で理論的に定形化するにいたったであろうか。これを三木清に即していえば、まず「原理日本社」系のアルトラ・ナショナリストによる「カンナガラノミチ」・「コトノハノミチ」式の日本精神主義、ないしはナチス流の全体主義の、アジア共栄圏理論としての欠陥をつくという形で展開せられた。三木はいう、「所謂日本精神は日支共存共栄の原理として不十分である。」「日支親善と云ひ、大亜細亜主義と云つても、かかる地域的な名称は世界史にとつて新しい時期を現はし得るやうな時間的意味を有する思想を根柢とするのでなければならぬ。王道政治といふが如き、過去の支那の特定の社会組織と結び付き、しかも支那の近代的発展そのものによつて歴史的に批判されつつある思想が日支親善の原理となり得るものとは考へ難い。私は日本文化の、延いては東洋文化の特殊性を否定する抽象的な見方に同意しようとは思はない。けれどもかかる特殊性は世界史的見地から理解されること、しかも単に空間的な意味においてでなく時間的意味において理解されることが大切である」（「日支思想問題」昭和一〇年・一九三五年一二月）。「支那事変は少くとも先づ一つのことを明瞭に教へて居る。即ち日本の特殊性のみを力説することに努めて来た従来の日本精神論はここに重大な限界に出会はねばならなくなつて来たのである。そのような思想は、日支親善、日支提携の基礎となり得るものではないからである。日本には日本精神があるやうに、支那には支那精神がある。両者を結び附け得るものは両者を越えたものでなければならない」（「日本の現実」昭和一二年・一九三七年一一月）。以上が、三木による「日本精神主義」批判の骨子であるが、それではかれは、どのような「日支親善の原理」を構想したのであろうか。かれの見解はつぎのようなものである。

「全体主義の正しい発展が真の合理性への発展でなければならぬといふことは、今日我々が直面してゐる現実の問題からも要求されてゐるであらう。支那事変の目的は東亜協同体の建設であるといはれてゐる。東亜協同体はゲゼルシャフト的にでなくゲマインシャフト的に考へられねばならぬにしても、今日の民族主義的全体主義者が考へるやうなものであることができない。それはすでに民族的全体でなくて民族を超えた全体である。従つて東亜協同体の結合の原理は民族主義的全体主義者のいふやうな単に非合理的なものであることができない。もとよりそれは単なるゲゼルシャフト的合理性によつても考へられない。東亜協同体は民族を超えた全体として、その結合の基礎は血といふ如き非合理的なものではなく、東洋文化の伝統といふ如きものでなければならぬであらう。しかるに文化の伝統といふ場合、それはまた単に合理的なものでなく、抽象的合理的に理解することのできぬものがある。伝統といふのは身体的になつた文化、自然の中に沈んだ文化のことである。それは単にロゴス的なものでないと同様、すでに文化的なものとして単にパトス的なものでもない。そして実際をいふと、民族にしても今日の全体主義者の主張するやうに、血といふ如き生物学的なものを基礎として考へらるべきものではないのである。民族はもと生物学的な概念でなく、本質的に歴史的な概念である。あらゆる歴史的なものは単に生物学的なものであることができぬ。歴史的なものは文化といふ言葉の一般的な根本的な意味において文化的なものである。民族も歴史的に作られ、歴史的に発展するものである。全体主義が民族的全体から東亜協同体といふ如き民族を超えた全体に発展する場合、合理性の要求はいよいよ大きくなり、そしてその全体が単に閉鎖的でなく同時に開放的でなければならぬことがますます明かになつてくる。東亜協同体といふ如き全体はそのうちに開放的に諸民族を含まねばならず、またそこにおいては諸民族がそれぞれの個性と独自性を失ふことなく自己の発達を遂げ得るのでなければならないのである。しかしそれはまさに協同体としてゲゼルシャフトでなくゲマインシャフトでなければならず、それ故に近代的自由主義の原理に従つてではなく、むしろ新しい全体主義の原理に従つて考へられなければならぬ。」(「知性の改造」『著作集』第一二巻、一六五—六頁)

以上が、三木が構想した「日支親善の原理」としての「東亜協同体」論の大要であるが、それはいまだ全体として抽象的なものにとどまっている。それを具体化し敷衍したものが、「昭和研究会」刊行の一連のパンフレット『新日本の思想原理』(昭和一四年・一九三九年一月)、『協同主義の哲学的基礎』(同年九月)であったということができる。これらのパンフレットには三木の思想の影響が顕著にみとめられる。そこには、三木哲学の立場から、同会所属のインテリゲンツィアの見解を集約し再構成したと判定して大過ない言葉がみいだされる。つぎにその主張をうかがってみよう。

「我国思想界に於ける新進気鋭の人士に参集を乞ひ、東亜、否全世界を領導すべき新日本の思想原理の確立に向つてその第一歩を踏み出したのである。この課題は前人未踏の領域に属し、決して容易な業ではない。」

「従来の東亜の歴史には、ヨーロッパに於けるギリシア文化の伝統、キリスト教、更に近代の科学的文化による統一と同様の統一は存在しなかつた。従来の歴史に於ては日支文化の全面的な且つ同時代的な交流が欠けてゐた為めに、かゝる東亜の統一は与へられなかつた。東亜の統一は今新たに実現さるべき課題である。」

「嘗てオリンピック競技によつて象徴された統一的な所謂『ヘレニズム文化』はギリシアに於ける民族聯合の上に花開いたものであつた。東亜に於ける諸民族の協同の上にヘレニズム文化の如き世界的意義を有する新しい『東亜文化』を創造することが東亜協同体の使命でなければならぬ。」

「新秩序建設の根拠たり得べき全く新しい哲学、世界観の確立こそ、我々日本人の責務である。それはまさに協同主義の原理に立つものでなければならぬ。」

「資本主義の問題の解決は現在の世界のすべての国にとつて最も重要な課題である。それ故に支那事変の意義は、時間的に云へば、資本主義の問題の解決にあると云はねばならぬ。かくして時間的には資本主義の問題の解決、空間的には東亜の統一の実現、それが今次の事変の有すべき世界史的意義である。」

「日本の指導によつて成立する東亜協同体の中へ日本自身も入つてゆくのであり、その限り日本自身もこの協同体の原理に従はねばならぬといふ意味に於ては、その民族主義に制限が認められねばならぬことは当然である。」(以上『新日本の思想原理』)

「新日本の思想原理は協同主義である。協同主義が国内の新体制の規準であり東亜の新秩序の指導精神でなければならぬ。」

「今日のいはゆる全体主義は、自由主義や共産主義に対する批判として意味を有するものであるが、ややもすれば内に於ては成員の人格を軽視し、外に対しては閉鎖的である傾向を有し、屢々官僚主義、独裁主義となり、偏狭なる独善的民族主義に陥る弊がある。かゝるものを超克し、新秩序建設の根拠たり得べき全く新しい哲学、世界観の確立こそ我々日本人の責務である。これはまさに協同主義の原理に立つものでなければならぬ。」

「協同主義は個人主義と全体主義とを止揚して一層高い立場に立つものである。それは全体主義の如く社会を個人よりも先のものとし、社会に個人の存在の根拠としての実在性を認める。併しそれは個人の独自性を否定することなく、個人主義の如く個人の人格、個性、自発性を尊重するのである。」

「協同主義は抽象的なデモクラシーに立つものではなく、却つて指導者に重要な意義を認めるのである。協同主義の要求する指導者は専制的独裁者でなく、国民から遊離したものでなく、却つて国民の中に入つて国民を教育し、国民の要求を取上げてこれを指導的に組織する者である。」

「全体は客観的な有でなく、むしろ東洋哲学に於て考へられたやうな無、どこまでも主体的に考へられるものでなければならぬ。この無は絶対無として、有に対立するやうなものでなく、絶対的な実在である。絶対と相対とはまた抽象的に対立するのでなく、有と無はどこまでも区別されながら同時にどこまでも一つのものである。」

「二元的弁証法の如く過程性に意義を認めると共に、多元的弁証法の如く一即多の根源的な調和を重んずる。そのことは協同主義にとつて歴史的なものを単に歴史的なものとしてゞなく、歴史的なものと永遠的なものとの統一として把握することによつて可能である。協同主義は二元的即多元的弁証法をとるのである。」（以上『協同主義の哲学的基礎』）

以上、一読してあきらかなごとく、「協同主義の哲学とは、西田哲学を背景とした三木哲学にほかならない」（古田光「第二次世界大戦下の思想的状況」『近代日本思想史』第三巻）ということができる。それは、一言でいうならば、世界史的立場に立脚した、対外的には日本を「指導者」とする、しかも非日本至上主義的な「東亜協同体」論であり、対内的には近衛内閣を「指導者」とする、しかも非全体主義的・反資本主義的な「日本新秩序」論であった。ここに、「暗い谷間」の時代における論理の、それが多少とも現実的な機能をはたそうとしたかぎり、避けんとして避けることのできなかった「運命的な表現の二重性」（中島健蔵「最後の話題」『回想の三木清』）が明瞭に看取される。すなわち「協同主義」の哲学は、一方において、対外的には日本を、対内的には近衛内閣を、それぞれ「指導者」として想定したかぎり、それはアジアの民族解放、および日本の階級闘争を原理的に否認する形となったが、他方それにもかかわらず、世界史的立場から、極力、非日本至上主義的・非全体主義的立場を強調したかぎり、それは軍部ファッショのかかげる帝国主義的・全体主義的イデオロギーにたいする抵抗の論理たる性格をもちえたのである。「協同主義」の哲学の、このような両刃的機能は、とりもなおさず、「暗い谷間」の時代における三木清の思想活動の両刃的機能にほかならなかった。すでにふれたごとく、「客観的必然性を主体化」するということ、いいかえれば「現実の問題の中に探り入つてそこから哲学的概念を構成」するということは、「暗い谷間」の時代における三木の一貫した問題意識であった。しかしながら、絶望的な客観的諸条件のもとで、なおかつ「客観的必然性を主体化」し、「その中へ探り入」ることを決意するということは、意図した表現の機能をなかば犠牲にする、というよりはその表現が意図したのとは全く逆の機能をはたすかもしれぬという危険性をおかすことなしには不可能であった。「暗い谷間」の時代におけるかれの発言には、あきらかにこの危険性が感じられた。つまり、この時期のかれの発言には、現実をさばくというよりは、「動かし難い現実に関する感想と解釈、それも飽くまで自己が責任を負ふといふ形式でなく、却つて現実そのものに責任が帰せられるやうな」傾向が目だち、そこからして、たとえかれが正しいことを主張しつづけたにせよ、その発言は、二重のことなる効果、つまり一方では「現実を承認したといふ効果」、他方では「正しいことを言つたといふ効果」をうみ、「前者は社会の滔々たる空気を作るのに役立ち、後者は一部のインテリを慰めるのに役立つ」という、いわば両刃的機能をはたさざるをえなかったということである。「暗い谷間」の時代のかれは「その誠実にも拘らず、いや、その誠実の故に、かうした地位に立たされてゐた」（清水幾太郎「三木清の文化評論」）ということができる。これは「自由主義以後の自由主義」がひきうけなければならなかった、不可避的かつ「運命的な表現の二重性」によるものであったとおもわれる。そしてここに、「一方の陣営からは、『戦争への協力者』として、他方の陣営からは『戦争への不協力者』として、正反対の評価を受け、絶望と孤独に襲われながら、それでも自己の持場を捨てずに、歩みつづけた三木」（久野収、前掲書）の「実存」があったといわねばならない。

以上みたごとく、三木清は「昭和研究会」の主要理論家として活躍するかたわら、他方では、「読売新聞」の「一日一題」欄の執筆を続行、「奴隷の言葉」を使うことも余儀なくされながらも、ほとんど「書くことの自由がゼロに帰するまで」「柔軟な戦法」をもって執拗に日本ファッシズムに抵抗していった。かれの「一日一題」欄の執筆は昭和一五年（一九四〇年）九月二四日まで続行された。「今日の読売の夕刊一日一題には『道理の承認』といふ題で書いたが、紙面の都合か、それとも内容が不穏当であるのか、載らなかつた。日華間の紛争について政府が挙国一致を求めるのは好いが、それは飽くまで国民の道理における承認に基かねばならないのであつて、徒らに国民の敵愾心を刺戟するやうなことがあつてはならぬといふことを書いたのである。」これは昭和一二年（一九三七年）七月一三日の日記にみえるかれの言葉であるが、すでにこの時期に表現の自由が大幅にうばわれていたことをしめしている。また翌昭和一三年（一九三八年）三月七日の日記には「読売の夕刊に『威し競べ』といふものを書く。この頃何だか書きにくくて面白いものができなくて困る。いつそやめてしまはうかと、時々考へる」と書きつけ、表現の不自由を訴えている。

しかし、いかなる擬装をほどこすも社会時評そのものが不可能となる時期がついにやってきた。残された道は、問題を最大限に一般化し抽象化した形式で提出する以外にはない。日本人の日々の問題であった「一日一題」から人類永遠の問題である「人生論」への後退、これが表現の自由を最後まで利用する道をえらんだかれに残された唯一の道となった。かれは昭和一三年（一九三八年）六月から雑誌「文学界」に「人生論ノート」を書きはじめた。それは昭和一六年（一九四一年）九月まで二一回にわたっている。つまり「彼は社会時評といふ個別的且つ具体的な平面から人生論といふ一般的且つ抽象的な平面に移つたのである。社会時評といふ平面で不当な一般化といふ工夫を重ねた揚句、平面そのものが既に一般的である人生論へ移つたのである。前の平面では言ひ得なかつたことも、後の平面では自由に言ふことが出来る。前者では仄かすことさへ許されなかつたことを、後者では絶叫することが出来る。……三木清は真実を自由に語るために、その場所を移したのである」（清水幾太郎、前掲書）といってよい。

「幸福について考へることはすでに一つの、恐らく最大の、不幸の兆しであるといはれるかも知れない。健全な胃をもつてゐる者が胃の存在を感じないやうに、幸福である者は幸福について考へないといはれるであらう。しかしながら今日の人間は果して幸福であるために幸福について考へないのであるか。むしろ我々の時代は人々に幸福について考へる気力をさへ失はせてしまつたほど不幸なのではあるまいか。幸福を語ることがすでに何か不道徳なことであるかのやうに感じられるほど今の世の中は不幸に充ちてゐるのではあるまいか。」「幸福は人格である。ひとが外套を脱ぎすてるやうにいつでも気楽にほかの幸福は脱ぎすてることのできる者が最も幸福な人である。しかし真の幸福は、彼はこれを捨て去らないし、捨て去ることもできない。彼の幸福は彼の生命と同じやうに彼自身と一つのものである。この幸福をもつて彼はあらゆる困難と闘ふのである。幸福を武器として闘ふ者のみが斃れてもなほ幸福である。」（「幸福について」）

「Ira Dei（神の怒）、——キリスト教の文献を見るたびにつねに考へさせられるのはこれである。なんといふ恐しい思想であらう、またなんといふ深い思想であらう。」「神の怒はいつ現はれるのであるか、——正義の蹂躪された時である。怒の神は正義の神である。」「神の怒はいかに現はれるのであるか、——天変地異においてであるか、予言者の怒においてであるか、それとも大衆の怒においてであるか。神の怒を思へ！」「ヒューマニズムといふのは怒を知らないことであらうか。さうだとしたなら、今日ヒューマニズムにどれほどの意味があるであらうか。」「切に義人を思ふ。義人とは何か、——怒ることを知れる者である。」（「怒について」）

「ニーチェが一切の価値の転換を唱へて以後、まだどのやうな承認された価値体系も存在しない。それ以後、新秩序の設定はつねに何等か独裁的な形をとらざるを得なかつた。一切の価値の転換といふニーチェの思想そのものが実は近代社会の辿り着いた価値のアナーキーの表現であつた。近代デモクラシーは内面的にはいはゆる価値の多神論から無神論に、即ち虚無主義に落ちてゆく危険があつた。これを最も深く理解したのがニーチェであつた。そしてかやうな虚無主義、内面的なアナーキーこそ独裁政治の地盤である。もし独裁を望まないならば、虚無主義を克服して内から立直らなければならない。

しかるに今日我が国の多くのインテリゲンチヤは独裁を極端に嫌ひながら自分自身はどうしてもニヒリズムから脱出することができないでゐる。」（「秩序について」）

これらの言葉のうちに、われわれは時代と社会とにたいする三木の精一杯の抗議と批判を読みとることができるであろう。このように「人生論ノート」は、一面、一般的かつ抽象的な表現形式で擬装せる、時代と社会とにたいする「抵抗の書」とみなしうる性格をもっているが、他面、それは、一つの哲学上の立場から人生上の諸問題を永遠の相のもとに観ずる一個の「体系の書」としての性格をももっている。実際、『人生論ノート』は、生の直接の地盤より生れたはずのものでありながら、その直接性の乏しいもの」である。「つまり三木の生地が出てゐない。三木はこゝのいさゝか多過ぎるマキシムの中では三木以上のものになつてゐる。」「ここにはパスカルやニーチェやキエルケゴールやアランがゐる。それよりもハイデッガーやヤスパースやクラーゲスがゐる。哲学の一つの立場であるエキジステンシヤリズムの思弁的調子――或は思考の型が全体に目に立つてゐる。その点からこれを、哲学者の半体系的な書」、つまり「築かるべきであつた三木の体系の Bausteine として見る」ことができるであろう。「さう見ればハイデッガーやヤスパースやクラーゲスも、如何にもよく消化せられてゐる。三木の勉強は如何にもよく生きてゐる。西欧のモラリストの伝統をもよく生かしてゐる」(谷川徹三「哲学者としての三木清」『回想の三木清』)ということができる。ここに、単なる評論家にとどまらぬ、しかも同時に単なるアカデミーの「優等生」にとどまらぬ哲学者三木の特質があったといってよい。ところで、一連の「人生論ノート」が「築かるべきであった三木の体系の Bausteine」であったとするならば、それは三木哲学の形成史上、どこに位置するであろうか。それは、『哲学入門』(昭和一五年・一九四〇年三月)とともに、『歴史哲学』と未完の遺著『構想力の論理』とを媒介する位置にたつ。三木のつぎのような問題意識はそれをしめしている。

「今日の人間の最大の問題は、……形のないものから如何にして形を作るかといふことである。この問題は内在的な立場においては解決されない。なぜならこの無定形な状態は限定の発達し尽した結果生じたものであるから。そこに現代のあらゆる超越的な考へ方の意義がある。形成は虚無からの形成、科学を超えた芸術的ともいふべき形成でなければならぬ。一種芸術的な世界観、しかも観照的でなくて形成的な世界観が支配的になるに至るまでは、現代には救済がないといへるかも知れない。」(「人間の条件について」)

ここにいう、「一種芸術的な世界観、しかも観照的でなくて形成的な世界観」の確立こそ「構想力の論理」の課題にほかならなかったのである。

三木は「人生論ノート」の執筆と相前後して、単独執筆で『哲学講座』六巻を岩波書店から出版する計画をすすめ、その第一巻にあたる部分を「哲学入門」として一三回にわたり岩波の従業員に講義した。この講座は計画のみに終ったが、かれはこの講義の速記録にもとづいて、昭和一五年（一九四〇年）三月、『哲学入門』を刊行した。かれは本書の「序」でつぎのように述べている。「哲学は学として、特に究極の原理に関する学として、統一のあるものでなければならぬ故に、この入門書にもまた或る統一、少くとも或る究極的なものに対する指示がなければならぬ。かやうなものとしてここで予想されてゐるのは、私の理解する限りの西田哲学であるといふことができる。」かれはこのように西田哲学を「究極の原理」としつつ、本書においてとくに「真理の行為的意味」をあきらかにしようとした。「行為」をとくに問題にするところに、西田哲学のなかから、しかも西田哲学をこえようとしているかれの姿勢がみとめられる。この課題は『構想力の論理』へとひきつがれていった。

ところで、近衛のブレェン・トラスト「昭和研究会」が構想し、第二次近衛内閣が着手した「新体制」運動はどうなったであろうか。天皇制国家権力機構における支配階級内部の複雑な対立、抗争のもとでは、そのプランの円滑な実施はのぞむべくもなく、所期の目的とは裏腹な結末を招来するにいたった。すなわち、そのはじめ「上意下達、下意上達」の国民組織として構想された「大政翼賛会」も現実には官僚機構にかさねあわせて組織された結果、それは日本国民の社会生活、のみならず私生活の末端まで統制し、国民ぐるみ破滅的な戦争へとまきこんでゆく、単なる「上意下達」の機関に変貌するにいたったのである。かくて、「新体制」をかかげる近衛の宥和政策も完全に失敗に帰し、それにかわって昭和一六年(一九四一年)一〇月、東条内閣が成立した。そして同年一二月八日、日本は破滅的な太平洋戦争へと突入していったのである。

三木清は昭和一二年(一九三七年)五月、その第一回を「思想」誌上に発表して以来、いつ完結するともしれない「構想力の論理」を書きつづけていった。これは、かれの現実にたいする「絶望」の所産であるとともに、「絶望」のなかから「光明」を摸索するヒューマニズムの記録であった。昭和一七年(一九四二年)一月、かれは徴用をうけてしばらく東京品川の岩崎邸に滞留したのち、陸軍報道班員としてマニラにおもむき、同年一二月帰国した。帰国後、フィリッピンで見聞した素材にもとづき、昭和一八年（一九四三年）二月の「比島人の東洋的性格」以下の一連のフィリッピン省察記を発表、かたわら「構想力の論理」を書きつづけていった。昭和一九年（一九四四年）三月、かれは二度目の妻いと子と死別、同年九月、一人娘洋子とともに埼玉県鷲宮町に疎開した。翌昭和二〇年（一九四五年）一月、この疎開先から友人にあてた書翰ではつぎのように報じている。「今年はできるだけ仕事をしたいと思ひます。まづ西田哲学を根本的に理解し直し、これを超えてゆく基礎を作らねばならぬと考へ、取掛つてをります。西田哲学は東洋的現実主義の完成ともいふべきものでせうが、この東洋的現実主義には大きな長所と共に何か重大な欠点があるのではないでせうか。東洋的現実主義の正体を捉へようと思つて、仏教の本なども読んでみてゐます。ともかく西田哲学と根本的に対質するのでなければ将来の日本の新しい哲学は生れてくることができないやうに思はれます。これは困難な課題であるだけ重要な課題です。大いに勉強してやつてみるつもりです」（坂田徳男あて、一九四五年一月二〇日付、書翰）。これはかれの獄死にさきだつ近々八ヵ月前の書翰であり、かれの最後の問題意識の所在をつたえて注目すべきものである。同年三月六日、警視庁を脱走した知友高倉テルがかれのもとにたちよった。かれは一飯の食事を供し一着の着物をあたえた。これが官憲に検束の口実を提供し、かれは同年三月二八日、治安維持法の容疑者として警視庁に拉致された。同年六月一二日、検事拘留処分をうけて巣鴨の東京拘置所へ送られ、同月二〇日、東京中野の豊多摩刑務所に移された。断末魔の日本ファッシズムによる極度の冷遇はかれを栄養失調に追いこみ、さらに疥癬がかれの全身をおかし、それが昂じて急性腎臓炎を併発するにおよび、かれの頑健な身体もついに抗しきれず、同年九月二六日、孤独のうちにかれは絶命した。時にかれ四九歳であった。死後、遺稿「親鸞」の一部が埼玉の疎開先から発見され、翌昭和二一年（一九四六年）秋、警視庁に押収されていた、さきに接続する「親鸞」の一部とデカルトの『省察』の訳稿が遺族の手にもどった。

構想力の論理と「親鸞」

三木清は『構想力の論理』第一の「序」でつぎのように述べている。

「前著『歴史哲学』の発表（一九三二年）の後、絶えず私の脳裡を往来したのは、客観的なものと主観的なもの、合理的なものと非合理的なもの、知的なものと感情的なものを如何にして結合し得るかといふ問題であつた。当時私はこの問題をロゴスとパトスとの統一の問題として定式化し、すべての歴史的なものにおいてロゴス的要素とパトス的要素とを分析し、その弁証法的統一を論ずるといふことが私の主なる仕事であつた。この間の事情は私の論文集『危機に於ける人間の立場』（一九三三年）において特徴的に示されてゐる。合理的なもの、ロゴス的なものに心を寄せながらも、主観性、内面性、パトス的なものは私にとつてつねに避け難い問題であつた。パスカルが私を捉へた（『パスカルに於ける人間の研究』一九二六年）のも、或はまたハイデッゲルが私に影響したのも、そのためである。私の元来の歴史哲学的関心から唯物史観の研究に熱中した時（『唯物史観と現代の意識』一九二八年）においてさへ、唯物史観の人間学的基礎を求めようとしたのも、やはり同じ心に出たものである。ロゴス的なもののためにパトス的なものを見失ふことなく、しかしまたパトス的なもののためにロゴス的なものを忘れないといふ私の要求は、やがてヒューマニズムの主張の形をとるに至つた。いはば人間学からヒューマニズムへ進んだのであり、その時期を現はしてゐるのが私の評論集『人間学的文学論』（一九三四年）である。」

ここに、人間を主観的なものと客観的なもの、パトス的なものとロゴス的なものとの「中間者」と規定する、三木清の「自己解釈」、すなわちかれの「人間学」を指摘することができる。このようなかれの「自己解釈」は、すでにみてきたごとく、マールブルク時代以来の三木哲学の形成過程をつらぬいてかわらぬものである。そのかぎり、「三木には思想の感覚的根源性はなかつたが」、しかしかれは「終始一貫体系への意志は持つてゐた」（谷川徹三、前掲書）といってよい。

ところで、かれは何故に、このような「自己解釈」を自己の哲学のモティーフとして自覚的に設定したのであろうか。けだし、西田幾多郎をつうじて日本的「生の哲学」につながっていたかれは、まず前者における体験的事実の論理的表白ともいうべき「純粋経験」から出発して、「既存のロゴスをもつて救済され、止揚され得ぬ」「それの存在において不安」であるような「ひとつの闇」としての「基礎経験」を考えた(『人間学のマルクス的形態』)。つぎに、その「基礎経験」に否定的契機としての質料性を加味することによって、それ自身発動する Tat であるとともに Sache であるような「事実」(Tatsache)を考えたのである(『歴史哲学』)。かくすることをつうじて、「人間の自己解釈たる人間学は純粋に内在的なものでなく、その根柢に於て超越的な主体的事実によつて規定されてゐるのである。行為するものとしての事実は人間学よりも先きのものである。最初に行為がある」とかれが語らざるをえなかったとき、かれにおいては「既存のロゴスをもつて救済され、止揚され得ぬ」「ひとつの闇」としての根源的なパトスがつねにうごめいていたようにおもわれる。三木は生涯この始末に終えぬ根源的なパトスにうなされつづけた人間であった。かれが実生活でしばしば尻尾をだしたのも、所詮この「ひとつの闇」としての根源的なパトスのなせる業であった。かれは実生活にしばしば顔をだしたこの「闇」を、学問の世界では野放しにせず、それをできるだけかたくしばりつけ、学問という鋳型のなかへはめこんでしまおうとしたかにみえる。そのゆえか、かれの文章は「心理的要素」に欠け、したがって一見名文章であるかのようにみえながら、その実は「拙い」文章だと批評されることにもなった。つまり、かれは「心理は生活で出してしまつて文章に出さな」かったのである（昭和一三年・一九三八年一月一三日付、「日記」参照）。というよりは、極力だすまいとしたのである。かれがつとに『歎異鈔』を「枕頭の書」とせざるをえなかったこともうなずける。まことに、かれにおいては最初に行為があった。かれはたえず行為し、たえず懺悔せねばならなかった。かれはよく勉強する「稀に見る優等生」であった。この点では「メフイストフエレスにサジを投げさせるやうな人間」であった。しかし「彼の中にはフアウストと共に、フアウストの忠実な弟子ではあつたが、フアウストが軽蔑してゐたワグナーがゐた」（谷川徹三、前掲書）のである。かれはそのような人間であった。「既存のロゴス」では救済されえないような根源的パトスに駆られて、「未知のロゴス」をたずねもとめて歩いたその過程が、多彩なかれの足跡にほかならぬ。かれが期せずして遺著たらざるをえなかった『構想力の論理』において、おのれの「自己解釈」を提示したのはまことに興味深いことであったといわざるをえない。

しからば三木清は、『構想力の論理』において、かれの年来の課題である主観的なるものと客観的なるもの、パトス的なるものとロゴス的なるものとの統一を成就する論理を形成しえたであろうか。この点について三木はつぎのように述べている。

「この問題を追求して、私はカントが構想力に悟性と感性とを結合する機能を認めたことを想起しながら、構想力の論理に思ひ至つたのである。かくして私は私の年来の問題の解決に近づき得るかも知れないといふ予感に導かれながらこの研究ノートを書き始めた（『思想』一九三七年五月）。しかし最初の章『神話』を書いてゐた頃の私にとつては、ロゴスとパトスとの結合の能力として構想力が考へられたまでであつて、一種の非合理主義乃至主観主義に転落する不安があり、この不安から私を支へてゐたのは、『技術』といふ客観的な合理的なものがその一般的本質において主観的なものと客観的なものとの統一であるといふ見解に過ぎなかつたと云へる。しかるにやがて『制度』について考察を始めた頃から、私の考へる構想力の論理が実は『形の論理』であるといふことが漸次明かになつてきた。……構想力の論理といふいはば主観的な表現は、形の論理といふいはば客観的な表現を見出すことによつて、私の思想は今一応の安定に達したのである。

かやうにして私は私自身のいはば人間的な問題から出発しながら、現在到達した点において西田哲学へ、私の理解する限りにおいては、接近してきたのを見る。私の研究において西田哲学が絶えず無意識的に或は意識的に私を導いてきたのである。」(『構想力の論理』第一、序)

三木はこのように、西田哲学を導きの糸とすることによって「形の論理」を形成し、そのことによってかれ自身の思想の「一応の安定」をえたというが、しからば、三木の構想力の論理と西田哲学とはどのような関係にたつのであろうか。この点についてかれは、「私のいふ構想力の論理と西田哲学の論理との関係については、別に考へらるべき問題があるであらう」と述べるにとどまり、たち入った考察をしていない。しかし、晩年の三木は終始この問題を考えていたようである。さきに引用した、かれの獄死にさきだつ近々八ヵ月前の友人あて書翰でも、「西田哲学を根本的に理解し直し、これを超えてゆく」ことの必要を力説し、「西田哲学と根本的に対質するのでなければ将来の日本の新しい哲学は生れてくることができない」と断じているし、また、他の友人たちにも西田哲学の「徹底的批評」の必要をつねづね語っていたという。構想力の論理によって暗示される三木哲学の方向において、はたして西田哲学の「徹底的批評」が可能であるかどうかは問題であるにしても、晩年の三木の中心課題が「徹底的」西田哲学批判にあったことはまず間違いないようである。しかしながら三木は、その課題をはたすことなくして斃れた。とはいえ、かれはいわば「暫定的批評」と称すべきものはしばしばおこなっている。つぎにあげるものはそれである。

「私は、西田哲学はいはば円の如きものであつて、この円を一定の角度に於て分析することが必要ではないかと思ふ。その角度を与へるものは永遠の意味に於ける現在でなく、時間的な現在、従つてまた未来の見地である。西田哲学は現在が現在を限定する永遠の今の自己限定の立場から考へられてをり、そのために実践的な時間性の立場、従つて過程的弁証法の意味が弱められてゐはしないかと思ふ。行為の立場に立つ西田哲学がなほ観想的であると批評されるのも、それに基くのではなからうか。……そのことと関聯して生ずる一つの疑問は、個物が無数の個物に対するといふことのみで真に矛盾が考へ得るかといふことである。無数の独立な個物が非連続的に存在するといふことだけから過程的弁証法は考へられず、個人が二つの階級の如きものに統一されて対立することによつて初めて社会的矛盾が考へられるやうに、弁証法は多元的でなく二元的になることによつて初めて過程的弁証法となり得るのではないかといふ疑問である。……西田哲学の弁証法はこれらの問題を如何に解決し得るであらうか。それは畢竟『和解の論理』となり、そこでは Entweder-oder といふ実践の契機が失はれはしないか。過程的弁証法は抽象的であるとしても、述語主義の論理は如何にしてこれを自己の契機とすることができるか。これらの疑問は西田哲学に於ける『永遠の今』の思想に集中するのである。私はもう少しよく西田哲学を勉強した上で更めて論じてみたいと思つてゐる。」(「西田哲学の性格について」「思想」——西田哲学特輯号——、昭和一一年、一九三六年一月)

「形は主観的なものと客観的なものとの統一であるといつても、構想力の論理はいはゆる主客合一の立場に立つのでなく、却つて主観的・客観的なものを超えたところから考へられるのであり、かくして初めてそれは行為の論理、創造の論理であることができる。ただ東洋的論理が行為的直観の立場に立つといつても、要するに心境的なものに止まり、その技術は心の技術であり、現実に物に働き掛けて物の形を変じて新しい形を作るといふ実践に踏み出すことなく、結局観想に終り易い傾向を有することに注意しなければならぬ。ここにそれが科学及び物の技術の概念によつて媒介される必要があるので

ある。」（『構想力の論理』第一、序）

右にあげた二つの西田哲学批評は、いまだ「暫定的」にとどまっているが、三木がめざしていた西田哲学批評の焦点がどこにあったかうかがわせるにたるものである。それによれば、西田哲学は「行為的直観」にたつといっても、所詮それは「心境的」な「行為的な直観」にたつにとどまり、したがって「実践的な時間性の立場」、つまり「過程的弁証法」としての性格が稀薄であり「観想的」傾向をまぬがれぬというにある。このような西田哲学批評を介して成立する三木哲学は、一方において「構想力の論理は行為的直観の立場に立ち、従来の哲学において不当に軽視されてきた直観に根源的な意味を認めるであらう」と述べ、東洋的論理を特色づける「形なき形」の思想を賞揚し、そのことをつうじて西田哲学にたいする極度の親近性をしめしながら、しかも他方において、「心境的」な「心の技術」ならぬ、「現実に物に働き掛けて物の形を変じて新しい形を作る」「行為の哲学」たる「形の論理」を樹立しようとする。三木はいう。

「構想力の論理によつて私が考へようとするのは行為の哲学である。構想力といへば、従来殆どつねにただ芸術的活動のことのみが考へられた。また形といつても、従来殆ど全く観想の立場において考へられた。今私はその制限から解放して、構想力を行為一般に関係附ける。その場合大切なことは、行為を従来の主観主義的観念論における如く抽象的に意志のこととしてでなく、ものを作ることとして理解するといふことである。すべての行為は広い意味においてものを作るといふ、即ち制作の意味を有してゐる。構想力の論理はそのやうな制作の論理である。一切の作られたものは形を具へてゐる。行為するとはものに働き掛けてものの形を変じ（transform）て新しい形を作ることである。形は作られたものとして歴史的なものであり、歴史的に変じてゆくものである。かやうな形は客観的なものでなく、客観的なものと主観的なものとの統一であり、イデーと実在との、存在と生成との、時間と空間との統一である。構想力の論理は歴史的な形の論理である。」（『構想力の論理』第一、序、傍点―筆者）

このように第一義的に「行為の哲学」であろうとする三木哲学は、「行為的直観」にたち「形の生成」を説く西田哲学にたいして、「行為的直観」にたち「形の形成」を主張したといえるであろう。それを支えるものは行動的技術的人間のイデーであり、「ロゴスの勝利」へ信頼をよせる行動的技術的人間のヒューマニズムであった。三木はいっている。

「我々の眼前に展開されてゐる世界の現実は種々の形における実験である。相反し相矛盾するやうに見えるそれらの実験が一つの大きな経験に合流する時がやがて来るであらう。――そこへ哲学が突然やつて来て、万人に彼等の運動の全意識を与へ、また分析を容易ならしめる綜合を暗示するとき、新しい時代が人類の歴史に新たに開かれ得るであらう。――知性人は眼前の現実に追随することなく、あらゆる個人と民族の経験を人類的な経験に綜合しつつしかも経験的現実を超えて新しい哲学を作り出さねばならぬ。この仕事の成就されるためには偉大な構想力が要求されてゐる。すでに個人から民族へ移るにも、民族から人類へ移るにも、構想力の飛躍が必要であらう。今日の知性人は単に現実を解釈し批評するに止まることなく、行動人の如く思索する者として新しい世界を構想しなければならない。新時代の知性とは構想的な知性である。」(「新しき知性」『哲学ノート』一三頁)

なんと明るい、希望にみちた言葉であろう。この言葉が「暗い谷間」の真直中で吐かれた言葉であることに注意する必要がある。絶望的な客観的諸条件と、ぬぐえどもはらえどもしのびよる虚無の影に抗しつつ、なおかつ、人間の再生と新しき知性の確立をさけびつづけたヒューマニスト三木清の面目がここにある。このような行動的技術的人間のヒューマニズムを支えたものは、『構想力の論理』の後半にみられるデューイの哲学、近代の「虚無」を知らぬアメリカのプラグマティズムへの接近であったといえようか。

ともあれ、「技術は単に戦闘の方法であるのでなく、却つて和解の方法である。自然から乖離した人間は技術を通じて再び自然と結合し、自然に還帰するのである。」そしてまた「単にいはゆる文化がすべて技術的であるのみでなく、人間の形成そのものが技術的である。真の文化人とは単に文化を作る人間でなく、彼の人間そのものが文化であるやうな人間のことでなければならぬ」（『構想力の論理』第一、二四〇頁、二四四頁）と構想力の論理が語るとき、われわれはそこに、ゲーテ＝フンボルト的世界観と相つうずるがごとき古典主義的ヒューマニズムの論理をみいだすであろう。遺著たる『構想力の論理』において、若き日の三木清像がふたたびよみがえってくるようにおもわれる。

しかしまた、そこに問題もあるといえよう。三木は「虚無」からの「形」の形成による「アモルフ」（＝無定形）の克服という現代社会の課題は、内在的な立場では解きえないといっているが、人間の能力と知性への信頼にたつ行動的技術的人間のヒューマニズムは、本来、内在的な立場にたつものではなかろうか。だとするならば、この点をどう解決したらよいのであろうか、疑問がのこる。

さらにまた、三木はかつて西田哲学を評して、そこでは「実践的時間性の立場」、つまり「過程的弁証法」としての性格が稀薄であり、したがって「観想的」傾向をまぬがれぬとしたが、「戦闘の方法」ではなく、「和解の方法」としての構想力の論理は、しからば、真に実践的性格をもちえたであろうか。弁証法が真に弁証法となるのは、それが「和解の方法」ではなくして「戦闘の方法」として「過程的」性格を保持することによってではないのか、疑問がのこる。ここに、西田哲学にたいする「暫定的」批評のままで、西田哲学を西田哲学から超えようとした構想力の論理の、論理としての不徹底性、暫定性があったといえようか。三木がもし生きつづけていたら、構想力の論理はどうなったであろうか。かれは西田哲学にたいする「徹底的批評」を敢行することにより、独自の論理を形成しえたであろうか。それともやはり「西田哲学の一分脈」たる位置から脱却しえなかったであろうか。しかしこれは確言するかぎりではない。

ところで、三木哲学にたいする疑問はこれのみにつきぬ。「ロゴスの勝利」・「イデーの勝利」への信頼にたつ行動的技術的人間のヒューマニズムと全き自己否定・自己放棄につうずるはずの親鸞への傾倒とはどのようにむすびつくのであろうか。これがわれわれの最後の、そして最大の疑問である。

三木は昭和一七年（一九四二年）六月刊行された『読書と人生』のなかの短文「我が青春」で、高等学校時代に最も影響をうけた書物として『善の研究』とならんで『歎異鈔』をあげ、後者をもって「今も私の枕頭の書となつてゐる。最近の禅の流行にも拘らず、私にはやはりこの平民的な浄土真宗がありがたい。恐らく私はその信仰によつて死んでゆくのではないかと思ふ。後年パリの下宿で——それは廿九の年のことである——『パスカルに於ける人間の研究』を書いた時分からいつも私の念頭を去らないのは、同じやうな方法で親鸞の宗教について書いてみることである」と述べている。死後、未定稿のままで発見された「親鸞」は、このような生前のかれの希望をしめすものにほかならぬ。遺稿「親鸞」が一体いつ頃執筆されたかについては、一時識者の間で意見がわかれたようであるが、現在では『著作集』の編者によって、一応「絶筆と断定して誤りない」（『著作集』第一六巻、六四〇頁）という判定が下されている。しかし、「親鸞」がいつ執筆されたかはかならずしも、——すくなくともわれわれにとっては、重要な問題ではない。むしろ問題は、お経を読むことが基礎教育の一つであったような地方の真宗の家に育った三木が、高等学校以来、『歎異鈔』をひもどくにいたり、爾来、それを「枕頭の書」とし、晩年「私はその信仰によつて死んでゆくのではないかと思ふ」と語っているという事実の方にある。つまりこの事実は、高等学校以来死ぬるまで、三木が終始一貫、親鸞への傾倒をすてなかったということを物語っているからである。しかもこのようなかれが、同時にまた、終始一貫倦むことなくヒューマニズムをさけびつづけてきたということなのである。問題はここにある。「超越」といっても、「形」の形成による主体への自己超越・自己脱却を志向する、したがって内在論を脱しえなかった「構想力の論理」と、絶対に超越的なものとしての弥陀如来の「名号」への全き帰依とは、論理的にはまさに千里の距離があるとおもわれるからである。構想力の論理の発展の可能性をいろいろ摸索することによって、親鸞への通路を臆測することはあるいは可能であるかもしれぬ（唐木順三『三木清』一三頁、二二四頁）が、すくなくとも両者には容易にむすびつかぬ論理的断絶があるといってよい。だとするならば、ヒューマニズムを説いて倦むことを知らなかった三木清における親鸞への傾倒はどのように説明されるであろうか。それは、三木における親鸞への傾倒を、かれにおける論理以前の問題、したがってまた論理以上の問題とみ、そこから遺稿「親鸞」を研究論文としてではなく、体験の記録としてあつかうことによって可能であるのではなかろうか。

けだし、始末に終えぬ「一つの闇」としての根源的なパトスにうなされつづけ、しばしば実生活で尻尾をださざるをえなかった業の深い一人の男にとって、「まことに知んぬ、かなしきかな愚禿鸞、愛欲の広海に沈没し、名利の大山に迷惑して、定聚のかずにいることをよろこばず、真証の証にちかづくことをたのしまざることを、はづべし、いたむべし」とひたすら懺悔する親鸞の姿は、そのまま、あるべき自己の姿として映じたに相違ない。

三木はいう、「親鸞がこころをつくして求めたのは『真実』であつた。彼の著作を繙く者は到る処においてこの注目すべき言葉に出会ふ。……真実の教、真実の行、真実の信、真実の証を顕はすことが彼の生涯の活動の目的であつた。まことに真実といふ言葉は親鸞の人間、彼の体験、彼の思想の態度、その内容と方法を最もよく現はすものである。」「親鸞が全生命を投げ込んで求めたものは実にこの唯一つの極めて単純なこと、即ち真実心を得るといふこと、まごころに徹するといふことであつた。信仰といふものはこれ以外にないのである」（「親鸞」『著作集』第一六巻、五六一頁、五一六頁）。ここにわれわれは、煩悩具足の衆生の一人三木清の悲願を読みとるべきであろう。これはもはや論理の次元を超えた問題といわるべきである。知人の語るところによれば、かれが実生活で尻尾をだし失敗をしでかしたときの手紙には、しばしば「尋常一年からやりなほす」とか「新しく勉強を始める」とかの文字がみられたという。ここに、人間三木清の「汚穢を知らない清さ」ではないが、「初心に帰る一点の芽の美しさ」（唐木順三、前掲書）をみとめてよいのではなかろうか。そのようなかれにして『歎異鈔』が死ぬるまでの「枕頭の書」であったことはうなずけることである。

ともあれ、三木清は、実生活のうえでも「人生の聯立方程式の未知数を余りに多数もつた」（東畑精一「日常の三木さん」『回想の三木清』）人物であったし、また論理のうえでも「整理すべき複数の思考様式」（唐木順三、前掲書）をもった人物であったようである。これは人間三木清の可能性をしめすものであったといえようか。識者はいう、「戸坂潤の死と三木清のそれを比較してみよ。戸坂潤の死は、まったく確実無比に、一歩一歩そこへ近づいていつた死だつた。何かしら決定的なものがその一生を支配していた。氏の性格は、更らに五十年の生を恵まれたとしても、まるで別の戸坂になることを夢にだも想像させはしないのである。あるいはもつと大きく、もつと深く、もつと確かなものになつたかもしれない。だが、質的な変化を彼の上に期待する人間はまずいないと思う。ところが、三木氏となると事情は一変する。氏の死は、何かの間違いで不意に落ちてきた死であつた。はげしく上下する生の波がしらが、偶然にもそこへ引掛って崩れ去ったのだ。あのことがなければ、氏は生きつづけそして変質の可能性さえほの見せているのである」（高桑純夫「今まで見えなかった一生態」『回想の三木清』、傍点—筆者）。この評は示唆に富む。三木清は自己のもてる可能性を十全に展開することなくして斃れたといってよい。この意味でもかれの死は非業の死であったというべきである。

おわりに、三木哲学の性格、ならびに思想家三木清の近代日本思想史上における役割について要約しておこう。

まず、三木哲学の性格についてであるが、筆者は三木哲学をもって、西田哲学、田辺哲学につながる近代日本のレーベンス・フィロゾフィとみる。『善の研究』と『歎異鈔』への感激と傾倒にはじまる三木清の思想形成の過程において、逐次自覚化されるにいたった一連の概念「基礎経験」・「事実」・「構想力」は、パトス的なものからイデーをひきだしてくる一種の Zauberkraft として、かれの生の直接の地盤からうみだされた三木哲学の基礎的中心概念である。この「基礎経験」・「事実」・「構想力」は三木における客観的なものと主観的なもの、イデオロギーとパトロギーを媒介する中心概念であり、その客観面・主語面が強調されるときヒューマニズムの主張となり、その主観面・述語面が問題となるとき親鸞への傾倒にみられる超越的なものへの関心となってあらわれる。したがって三木哲学の秘密は、かれの生の直接の地盤からうみだされた、これら一連の基礎的中心概念にある。西田幾多郎における不断の「打坐」、田辺元における「七花八裂」の「懺悔道」、三木清における親鸞への傾倒――これらはかれらにおけるフィロゾフィーレンの根本機制(Grundverfassung)であった。三木哲学をもって近代日本におけるレーベンス・フィロゾフィとみるのは以上のような理由による。

つぎに、近代日本思想史上における三木清の役割であるが、それは一言でいうならば、西周から西田幾多郎にいたるまでの段階で、日本のアカデミーにおいて蓄積せられ養成せられた西洋哲学、のみならず西洋文化についての理解と教養とを身につけ、ヒューマニズムの名において、ジャーナリズムの舞台で昭和史上の諸問題ととりくんだ点にある。その活動範囲は、すでにみてきたごとく、文化・社会・政治等々広範囲にわたった。その主張は終始一貫、ヒューマニズムの立場から展開せられた。かれにおけるヒューマニズムは大正のヒューマニズムの土壌から生みだされたものであるが、しかもそれは、昭和の「マルクス主義と交る」ことによって戦闘的ヒューマニズムの形態をとった。かれは爾来、戦闘的ヒューマニストとして終始した。そのような意味においても、かれがもし生きつづけていたならば、戦後におけるかれの活動の範囲は充分にひらかれていたはずである。かれの非業の死が惜しまれるゆえんである。

三木清略年譜

年号	年齢	事項	参考事項
明治30年（1897年）	1	一月五日、兵庫県揖保郡揖西村に生まれる。	足尾銅山鉱毒問題激化す。 被害民代表政府に陳情、三月二日。 被害民騒擾で憲兵出動、五月一〇日。 八幡製鉄所創立、六月一日。 帝国大学を東京帝国大学とし、京都に京都帝国大学を創設、六月。 労働組合期成会結成、七月五日。
明治31年（1898年）	2		隈板内閣成立（最初の政党内閣）、六月三〇日。 片山潜、村井知至らによってユニテリアン協会内に「社会主義研究会」創設さる、一〇月一八日。

明治32年（1899年）	明治33年（1900年）	明治34年（1901年）	明治35年（1902年）
3	4	5	6
「反省会雑誌」「中央公論」と改題、一月。 改正条約実施（外人内地雑居許可、税権、法権回復）、七月一七日。 普通選挙期成同盟会結成、一〇月二日。	「社会主義研究会」を「社会主義協会」に改組（会長安部磯雄）、一月二八日。 治安警察法公布、三月九日。 北清事変勃発、五月（日本六月一五日に派兵決定）。 立憲政友会結成（総裁伊藤博文）、九月一五日。	福沢諭吉歿、二月三日。 日本社会民主党結成、五月二〇日、即日禁止。 中江兆民歿、一二月一二日。	日英同盟条約調印、一月三〇日。

明治36年（1903年）	7	三月、兵庫県揖保郡揖西村尋常高等小学校に入学。	国定教科書制公布、四月二九日。東大七博士事件、対露強硬意見発表、六月二四日。黒岩涙香、内村鑑三、幸徳秋水ら「万朝報」誌上に非戦論を展開。幸徳秋水『社会主義神髄』、片山潜『我社会主義』刊行、七月。「万朝報」開戦論に転じ（一〇月九日）ため、内村、幸徳、堺利彦退社、一〇月一二日。幸徳、堺ら「平民社」を創立、週刊「平民新聞」発刊、一一月一五日。
明治37年（1904年）	8		対露宣戦布告、二月一〇日、日露戦争勃発。第二インターナショナル第六回（アムステルダム）大会に片山潜出席、戦争反対決議、八月一四日―二〇日。幸徳、堺共訳で「平民新聞」一周年記念号（五三号）に「共産党宣言」を訳載、一一月一三日。
	9		（露）第一次革命勃発、一月二二日（「血の日

年	年齢	事項	社会の出来事
明治38年（1905年）			曜日」)。 日露講和条約（ポーツマス条約）調印、九月五日。 日比谷焼打事件、九月五日。
明治39年（1906年）	10		日本社会党結成、二月二四日。 （露）ロシア憲法発布、五月六日。
明治40年（1907年）	11		日刊「平民新聞」発刊、一月一五日。 日本社会党に結社禁止命令、二月二二日。
明治41年（1908年）	12		赤旗事件、六月二二日。
明治42年（1909年）	13	三月、小学校尋常科卒業。 四月、兵庫県立竜野中学校入学。	伊藤博文ハルビンで暗殺さる、一〇月二六日。
（1910年）	14		「白樺」創刊、四月。 「大逆事件」の検挙開始、五月二五日。

年	年齢	事項	社会
明治43年			西田幾多郎、京大文科助教授となる、五月。日韓併合条約調印、八月二二日。同月二九日、朝鮮と改称。
明治44年（1911年）	15	中学三年のこの年、脇坂藩の儒者で当時竜野中学にあって漢文を教えていた本間貞観について漢詩を習い、みずからも詩作を試みる。国語の教師寺田喜治郎の感化をうけ、文学書を愛読するようになる。	西田幾多郎『善の研究』刊行、一月。「大逆事件」判決下る、一月一八日。（中）辛亥革命勃発、一〇月一〇日。
明治45年・大正元年（1912年）	16	同級の古林巌と親交を結び、その影響により永井潜の『生命論』、丘浅次郎の『進化論講話』などを読み、生命の問題に関心をもつにいたった。これが哲学にこころざす一つの機縁となる。前記古林らの級友と文芸の回覧雑誌をつくるかたわら、内外の文学書をひろく渉猟す。この頃、将来創作家になろうと真剣に考える。	明治天皇死去で、大正と改元、七月三〇日。鈴木文治ら「友愛会」結成、八月一日。第一次バルカン戦争勃発、一〇月八日。第二次西園寺内閣、陸軍の二個師団増設の要求を拒否、陸相上原勇作単独辞表を提出（「陸軍のストライキ」）、一二月二日。同内閣総辞職（「大正の政変」）、一二月五日。第三次桂内閣成立、一二月二一日。
		中学五年のこの年を転機として、自然	第一次護憲運動起る、一一－二月。

大正2年（1913年）	大正3年（1914年）	大正4年（1915年）
17	18	19
主義文学や頽廃主義の文学に反撥と嫌悪をいだくにいたり、漸次、文学志望より哲学志望へと志を変ずるにいたった。 九月二三日、竜野中学第二回弁論大会にて「経験の三階段」と題する演説をおこなう。	三月、兵庫県立竜野中学校卒業。 九月、第一高等学校に入学、上京す。宗教に心ひかれ、仏教、キリスト教関係の書物を愛読する。とくに、親鸞の『歎異鈔』に感銘をうけ、本郷森川町の求道学舎に近角常観の歎異鈔講義を聴きに通う。	前年にひきつづき宗教書に親しみ鎌倉の円覚寺の一庵に宿り坐禅をする。この高等学校の最初の二年間は、いわばかれの「内省的な彷徨時代」であった。
桂内閣総辞職、二月一一日。 第一次山本権兵衛内閣成立、二月二〇日。 第二次バルカン戦争勃発、七月八日。 岩波書店開業、一一月。	シーメンス事件起る、一月二三日。 山本内閣総辞職、三月二四日。 第二次大隈内閣成立、四月一六日。 第一次世界大戦勃発（オーストリア、対セルビア宣戦布告）、七月二八日。 日本、対ドイツ宣戦布告、八月二三日。 各国社会党、戦争支持に転向、ために第二インターナショナル崩壊、八月。	日本、対華二一ケ条要求提出、一月一八日。 この年より岩波の『哲学叢書』刊行開始。

大正5年（1916年）	20	西田幾多郎の『善の研究』に接するにおよび、全人格的な感動と感銘をうけ、西田について哲学を専攻する最後的決意をかためる。速水滉教授の指導をうけ、とくに論理学心理学を学び、かたわら哲学の読書会を組織、ヴィンデルバンドの『プレルーディエン』の中の「哲学とは何か」を同教授に講読してもらう。	吉野作造「憲政の本義を説いて其有終の美を済すの途を論ず」（「中央公論」）一月。「京都哲学会」設立、機関誌「哲学研究」創刊、四月。大隈内閣総辞職、寺内内閣成立、一〇月九日。夏目漱石歿、一二月九日。
大正6年（1917年）	21	七月、速水教授の紹介状をたずさえ、洛北田中村に西田幾多郎を訪ね、カントの『純粋理性批判』を借りて帰る。九月、京都帝国大学文学部哲学科入学、下宿を下鴨の蓼倉町に定める。	（露）二月革命起る（労働者兵士代表ソヴェト成立）、三月一二日（旧二月二七日）。一〇月社会主義革命起る（ケレンスキー臨時政府打倒され、ソヴェト政府樹立）、一一月六―七日（旧一〇月二四―二五日）。西田幾多郎『自覚に於ける直観と反省』刊行、一〇月。
（1918年）	22	この年から翌年にかけて、谷川徹三、林達夫、小田秀人らと親しく交り、その影響で「白樺派」に一時関心をもつ。	阿部次郎『三太郎の日記』刊行、六月。米騒動起る、八―九月。寺内内閣総辞職、原敬内閣成立、九月二九

大正7年	大正8年（1919年）	
	23	
	大学二年のレポートとして「ライプニッツ哲学と個性概念」を提出。 七月、夏の休暇を利用して上京、相良徳三とともに中野に家を借り、自炊生活を営み、「語られざる哲学」（『著作集』第一巻）を起草。	五月、「個性について」（『著作集』第一
日。 （独）ドイツ革命起る、一一月四―一〇日。 第一次世界大戦終結（ドイツ休戦委員会、連合国と休戦条約調印）、一一月一一日。 東京帝大に「新人会」誕生、一二月。	河上肇、個人雑誌「社会問題研究」創刊、一月。 東京で普選期成大会開催さる、二月九日。 三・一事件（万歳事件）勃発、三月一日。 第三インターナショナル（コミンテルン）成立、三月二―七日。 雑誌「改造」創刊、四月。 （中）五・四運動起る、五月四日。 （独）共和制宣言、七月七日、ワイマール憲法採択、七月三一日。 田辺元、京大文学部助教授となる、八月。 北一輝『日本改造法案大綱』を上海で脱稿し、帰国、本年末。	東大森戸事件起る、一月。

年	年齢	事項	社会
大正9年（1920年）	24	巻）を「哲学研究」に発表。 七月、京都大学卒業。 九月、卒業論文「批判哲学と歴史哲学」（『著作集』第二巻）を「哲学研究」に発表。 卒業後、大学院に籍をおき、歴史哲学の研究を続行、かたわら大谷大学、竜谷大学の講師となり、哲学を講ず。	パリで国際連盟成立、一月一六日。 日本最初のメーデー、東京上野公園にて開催、五月二日。
大正10年（1921年）	25	四月、「歴史的因果律の問題」（『著作集』第二巻）を「哲学研究」に発表。	（ソ）新経済政策（ネップ）採用、三月八日。 大日本労働総同盟友愛会第一〇周年大会で「日本労働総同盟」と改称、一〇月三日。 倉田百三『愛と認識との出発』刊行、一〇月。 雑誌「思想」創刊、一〇月。 原敬首相、東京駅で暗殺さる、一一月四日。 （伊）ムッソリーニ「イタリア・ファッシスタ党」結成、一一月六日。
（1922年）	26	一月、「個性の問題」（『著作集』第二巻）を「哲学研究」に発表。 五月、ドイツ留学に旅立つ。	森鷗外歿、七月九日。 日本共産党創立、七月一五日。 山川均「無産階級運動の方向転換」（「前衛」）、

大正11年	大正12年（1923年）	
	27	28
ハイデルベルクでリッケルトに師事し、そのゼミナールの冬学期に ,,Logik der individuellen Kausalität"（『著作集』第二巻）を報告。	リッケルトのゼミナールの夏学期に ,,Wahrheit und Gewissheit" を、ヘリィゲルのゼミナールで ,,Der Objektivismus in der Logik" を（ともに『著作集』第二巻）を報告。 五月二七日、リッケルトの紹介によってフランクフルタア・ツァイトゥングに ,,Rickerts Bedeutung für die japanische Philosophie"（『著作集』第一一巻）を寄稿。 秋、ハイデッガーに師事するため、マールブルクに移る。	この年、ハイデッガーへの接近、ディルタイの影響により、いままで底流を
八月。 （伊）ファッシスト「ローマ進軍」、ムッソリーニ内閣組織、一〇月二八—三〇日。 （ソ）第一回全同盟ソヴェト大会開催、「ソヴェト社会主義国同盟」成立、一二月三〇日。	雑誌「赤旗」（「前衛」、「無産階級」、「社会主義研究」合流）発刊、四月。 第一次共産党事件、六月五日。 有島武郎自殺、六月九日。 関東大震災起る、九月一日。 甘粕事件、九月一六日。 雑誌「白樺」廃刊、九月。	（ソ）レーニン歿、一月二一日。 第二次護憲運動起る（政友、憲政、革新の護

大正13年（1924年）	大正14年（1925年）	
	29	
なしていた「生の哲学」への関心が表面化し、やがて「生の存在論《アントロポロギー》」という形で定式化されるにいたった。「三木哲学」の原型はほぼこの時期にできあがる。なおこの時期にハイデッガーの奨めにより、とくにアリストテレェスを研究する。八月、ドイツを去り、パリに移る。冬、パスカルを手にし、爾来、その研究に専念するにいたる。	五月、「パスカルと生の存在論的解釈」を「思想」に発表。以下、八月「愛の情念に関する説―パスカル覚書」、一一月「パスカルの方法」、一二月、「パスカルの賭」をそれぞれ「思想」に発表。一〇月、留学を終えて帰国、下宿を京都市左京区浄土寺西田町に定める。	帰国後、パスカル研究の完成に専念す
憲三派同盟成立）、一月二九日。日本共産党内に解党派出現、三月。第一五回総選挙で護憲三派絶対多数獲得、五月一〇日。清浦内閣総辞職、加藤高明を首班とする護憲三派連立内閣成立、六月一一日。	治安維持法公布、四月二二日。普通選挙法公布、五月五日。総同盟内の刷新同盟、「日本労働組合評議会」を結成、五月二五日。	福本和夫「山川氏の方向転換論の転換より始

大正15年・昭和元年(1926年)	昭和2年(1927年)
30	31
るかたわら、京大出身の後輩や学生のためにアリストテレスの「形而上学」の輪読会を開き、指導にあたる。 四月、第三高等学校講師となり、哲学の講義を担当。 六月、処女作『パスカルに於ける人間の研究』(『著作集』第一巻)を岩波書店から刊行。 この年の末から翌年にかけて、西田幾多郎の推薦により河上肇のためにヘーゲル弁証法の研究を指導、みずからもフォイエルバッハを読み、唯物史観研究に着手。	四月、法政大学教授を委嘱されて上京、文学部哲学科主任教授となる。同時に日本大学および大正大学の講師を兼任。下宿を本郷菊坂の菊富士ホテルに定める。 六月、「人間学のマルクス的形態」を「思想」に発表。以下、八月「マルク
めざるべからず」(「マルクス主義」)、二月。 (中)蔣介石、国民革命軍組織、北伐宣言、七月二九日。 国共連立武漢政府樹立、一一月一一日。 日本共産党再建大会、一二月四日。 大正天皇死去で昭和と改元、一二月二五日。	金融恐慌勃発、銀行・商社の倒壊・破産続出、三―六月。 (中)蔣介石上海で反共クーデター、四月一二日。 若槻内閣総辞職、田中義一内閣成立、四月二〇日。 (中)南京政府樹立、四月二八日。

年	年齢	事項	社会
		ス主義と唯物論」、一二月「プラグマチズムとマルキシズムの哲学」（いずれも『著作集』第三巻）を、それぞれ「思想」に発表。歳末より二週間、岩波茂雄とともに北中国を旅行。	第一次山東出兵、五月二八日。 ジュネーヴ軍縮会議開催、六月二〇日。 コミンテルン日本問題特別委員会「日本に関するテーゼ」（「二七年テーゼ」）を決定、七月一五日。 芥川竜之介自殺、七月二四日。
昭和3年（1928年）	32	五月、『唯物史観と現代の意識』（前年発表した唯物史観に関する覚書三篇に、「ヘーゲルとマルクス」の一篇を新に書き加える）を岩波書店より刊行。七月末より約一カ月、満鉄の招聘により満州各地を講演旅行。一〇月、羽仁五郎と共同責任編集で月刊雑誌「新興科学の旗のもとに」を新興科学社より発刊。その創刊号に「科学批判の課題」を発表。以下、一一月「理論歴史政策」、一二月「有機体説と弁証法」（いずれも『著作集』第三巻）をそれぞれ同誌に発表。	日本共産党中央機関誌「赤旗」創刊、二月一日。 普選による第一回総選挙実施、二月二〇日。 三・一五事件、三月一五日。 「全日本無産者芸術連盟」（「ナップ」）結成、三月二五日。 第二次山東出兵、四月一九日。 （中）張作霖爆殺事件（満州某重大事件）六月四日。 治安維持法改悪、六月二九日。 特高警察を全国に設置、七月三日。 憲兵隊に「思想係」を設置、七月四日。 西田幾多郎、京大を停年退官、九月一八日。

向坂逸郎編『マルクス・エンゲルス全集』刊行開始、九月。

昭和4年(1929年)

33

一月、「危機に於ける理論的意識」(『著作集』第一二巻)を「改造」に発表。

二月、「唯物論とその現実形態」(『著作集』第三巻)を「新興科学の旗のもとに」発表。

四月五日、那須皓氏夫妻の媒酌で東畑喜美子(二六歳)と結婚、住居を東京市杉並区高円寺四丁目五三七番地に定める。

四月、『社会科学の予備概念』を鉄塔書院から刊行。

四月より七、八、一一、一二月の五回にわたり「現代思潮」(『著作集』第四巻)を岩波講座『世界思潮』に連載。

六月、論文集『史的観念論の諸問題』を岩波書店より刊行。


四・一六事件、四月一六日。

小林多喜二「蟹工船」(「戦旗」)五月。

徳永直「太陽のない街」(「戦旗」)六月以後。

日本政府、中国国民政府を正式承認、六月三日。

浜口民政党内閣成立、六月二日。

「プロレタリア科学研究所」設立、一〇月一三日。

(米)ウォール街株式市場大暴落(世界恐慌開始)一〇月。

五月、日本共産党に資金を提供したと

第二回普選実施、二月二〇日。

年	年齢	事項	社会・思想界の動き
昭和5年（1930年）	34	いう嫌疑により検挙され、いったん釈放されたが、七月に起訴され、一一月中頃まで豊多摩刑務所に拘留さる。この事件のため、一切の教職を去る。 一〇月八日、長女洋子出生。 一一月、刑務所出所後、信州別所温泉にしばらく静養したのち、歴史哲学の著述に着手。	諸株式一斉暴落、恐慌深刻化、三月四日。 服部之総「観念論の粉飾形態―三木哲学の再批判」（「思想」）、五月。 栗原百寿「相対主義の浮浪的弁証法―三木哲学批判」（「思想」）、七月。 陸軍青年将校「桜会」結成、九月。 浜口首相、東京駅にて狙撃さる、一一月一四日。
昭和6年（1931年）	35	二月、ヘーゲル百年忌を記念する国際ヘーゲル連盟の設立にあたり、日本支部代表者に選ばる。 五月、「弁証法の存在論的解明」（『著作集』第四巻）を国際ヘーゲル連盟日本版『ヘーゲルとヘーゲル主義』に発表。 六月、論文集『観念形態論』を鉄塔書院より刊行。	井上日昭ら、「血盟団」結成、一月。 「桜会」の青年将校、クーデターを計画するも未遂に終る（「三月事件」）、三月三〇日。 浜口民政党内閣総辞職、第二次若槻内閣成立、四月一四日。 「日本共産党政治テーゼ草案」作成、四月二十二日。 満州事変勃発、九月一八日。 「日本プロレタリア文化連盟」（「コップ」）創立、一〇月二一日。 「桜会」、再びクーデターを計画するも未遂に終る（「錦旗革命事件」）、一〇月二一日。

	昭和7年（1932年）	昭和8年（1933年）
	36	37
	四月、『歴史哲学』（『著作集』第六巻）を岩波書店より刊行。 一一月、「危機意識の哲学的解明」（『著作集』第一一巻）を「理想」に発表。	一月、「現代階級闘争の文学」（『著作集』第一〇巻）を岩波講座『日本文学』の一分冊として出版したが、発売禁止さる。 六月、「不安の思想とその超克」（『著作集』第一三巻）を「改造」に発表。論
若槻内閣総辞職、犬養政友会内閣成立、一二月一三日。	上海事変起る、一月二八日。 満州国建国宣言、三月一日。 犬養首相、陸海軍青年将校らに射殺さる（五・一五事件）五月一五日。 コミンテルン西欧ビューロー「日本の情勢と日本共産党の任務に関するテーゼ」（「三二年テーゼ」）を決定、五月二六日。 『日本資本主義発達史講座』刊行開始、五月。 満州国承認・日満議定書調印、九月一五日。 戸坂潤ら「唯物論研究会」組織、一〇月二三日。	プロレタリア科学研究所、「日本プロレタリア科学同盟」へ改組、一月三日。 ナチス政権を獲得、ヒトラー首相に就任、一月三〇日。 大塚金之助、河上肇検挙さる、一月。 小林多喜二、東京築地署で虐殺さる、二月二

年	年齢	三木清の事績	社会の動き
		文集『危機に於ける人間の立場』を鉄塔書院より刊行。 一〇月、「ネオヒューマニズムの問題と文学」(『著作集』第一〇巻)を「文芸」創刊号に発表。 一一月、「ハイデッガーと哲学の運命」(『著作集』第一一巻)を「セルパン」に発表。	〇日。 日本、国際連盟脱退を通告、三月二七日。 京大滝川事件、五月一〇日。 (米)ルーズヴェルト大統領、「ニューディール政策」開始、五月。 佐野学、鍋山貞親獄中より転向声明、六月九日。 徳田秋声を会長に「学芸自由同盟」結成、七月一〇日。 野呂栄太郎検挙さる、一一月二八日。
昭和9年(1934年)	38	七月、「新しい人間の哲学」(『著作集』第一一巻)を「文芸」に発表。 九月、「シェストフ的不安について」(『著作集』第一三巻)を「改造」に発表。 一二月、『シェストフ選集』を編集、第一巻を改造社から刊行。	野呂栄太郎獄死、二月一九日。 山田盛太郎『日本資本主義分析』刊行、一月。 平野義太郎『日本資本主義社会の機構』刊行、四月。 斎藤内閣、「帝人疑獄事件」のため総辞職、岡田啓介内閣成立、七月八日。 (仏)フランス人民戦線結成、七月。 (中)中国共産党紅軍、大西遷開始、一〇月。 陸軍青年将校クーデター計画(「一一月事件」)、一一月二〇日。

昭和10年（1935年）	39	一月、この月より文化学院講師として哲学を担当。 三月一九日、この日より翌一一年一一月二四日まで、「読売新聞」の夕刊「一日一題」欄の第一期の執筆を担当、毎週火曜に寄稿。同月、「ニーチェと現代思想」（『著作集』第一一巻）を「経済往来」に発表。 六月、『アリストテレス形而上学』（『著作集』第九巻）を岩波『大思想文庫』の一冊として刊行。 九月、「非合理主義的傾向について」（『著作集』第一一巻）を「改造」に発表。 一〇月、「人間再生と文化の課題」（『著作集』第一二巻）を「中央公論」に発表。 一二月、「日支思想問題」（『著作集』第	「赤旗」第一八七号をもって停刊、二月二〇日。 美濃部達吉の「天皇機関説」、貴族院で攻撃さる、二月二八日。 （独）再軍備宣言、徴兵法復活、三月一六日。 衆議院で「国体明徴決議案」可決、三月二三日。 陸海相、「天皇機関説」排撃を要求、三月二九日。 文部省、各学校に国体明徴の訓令を発す。四月九日。 内務省、美濃部の『逐条憲法精義』以下の三著書を発売禁止、他の二著書を改訂命令処分に付す、四月九日。 唯物論研究会、第一次『唯物論全書』の刊行を開始、五月。 （米）ワグナー労働法成立、七月五日。 政府、国体明徴の具体的事項を発表、八月五	田辺元「社会存在の論理」（『哲学研究』）、一一月以降。

	昭和11年（1936年）
	40
一四巻）を「読売新聞」に発表。	一月、「西田哲学の性格について」（『著作集』第一一巻）を「思想」に発表。 四月、「時局と思想の動向」（『著作集』第一四巻）を「改造」に発表。 八月、「日本的性格とファッシズム」（『著作集』第一二巻）を「中央公論」に発表。 八月六日、妻喜美子死亡。 一〇月、「ヒューマニズムの哲学的基礎」（『著作集』第五巻）を翌一一月の二回にわたり「思想」に発表。 一二月、読売新聞夕刊の「一日一題」欄に寄稿した短文八四篇（昭和一〇年
日。 永田事件、八月一二日。 （中）中国共産党紅軍、大西遷に成功、陝西に根拠地樹立、一〇月。 政府、国体明徴に関し従来行なった対策を「処置概要」として公表、一〇月一日。 （伊）エチオピア侵略開始、一〇月三日。	（西）スペイン総選挙で人民戦線派大勝、人民戦線内閣成立、二月一六—一九日。 二・二六事件起る、二月二六日。 岡田内閣総辞職、広田弘毅内閣成立、三月九日。 （仏）レオン・ブルム人民戦線内閣成立、六月四日。 「昭和研究会」、近衛文麿の級友後藤隆之助を中心に結成さる、一一月。 日独防共協定成立、一一月二五日。 （ソ）スターリン憲法採択、一二月五日。

三月一九日―昭和一一年一一月二四日）を『時代と道徳』と題し、作品社から刊行。

昭和12年（1937年）

41

五月、構想力の論理の執筆に着手、その第一回「神話（上）―構想力の論理に就いて 其一」を「思想」に発表。以下、六、七月には「神話」の（中）、（下）を、八、九、一〇月には「制度」の㈠、㈡、㈢を、さらに翌一三年二、三、五月には「技術」の㈠、㈡、㈢を、それぞれ「思想」に発表。

七月、亡妻の一周忌を記念する追悼文集『影なき影』を編み、「幼き者の為に」（『著作集』第一六巻）を収録。

九月、「時局と思想」（『著作集』第一四巻）を「日本評論」に発表。

一一月、「日本の現実」を「中央公論」に発表。

第一次近衛内閣成立、六月四日。

日中全面戦争開始、七月七日。

（中）中国共産党「抗日救国十大綱領」発表、八月一五日。

国民政府、国共合作を声明、抗日民族統一戦線結成、九月二二日。

日独伊防共協定議定書調印、一一月六日。

（伊）国際連盟脱退、一二月一一日。

二月九日、この日より三月二五日ま

近衛内閣「国民政府を相手とせず」の対中国

昭和13年（1938年）

42

で一三回にわたり、岩波書店で哲学入門の講義を行う。昭和一五年三月刊行の『哲学入門』（岩波新書）はこの講義の速記録にもとづくものである。

六月、人生論ノートの執筆に着手、第一回「死と伝統―人生論ノート」を「文学界」に発表。以下、昭和一六年九月まで二一回にわたり人生論ノートを「文学界」に連載。同月、「現代日本に於ける世界史の意義」を「改造」に、「知識階級に与ふ」を「中央公論」にそれぞれ発表。

一〇月、『アリストテレス』（『著作集』第九巻）を岩波の『大教育家文庫』の一冊として刊行。

一二月、「東亜思想の根拠」を「改造」に発表。


声明、一月一六日。

「唯物論研究会」解散、二月一四日。

国家総動員法公布、四月一日。

近衛首相、「東亜新秩序建設」を声明、一一月三日。

汪精衛傀儡政府首班、対日和平声明、一二月三〇日。

43

一月、「哲学ノート」を「知性」に連載しはじめ、九月まで八回にわたって執筆（『著作集』第一一巻）。


近衛内閣総辞職、平沼騏一郎内閣成立、一月五日。

昭和研究会『新日本の思想原理』を刊行、一

昭和14年（1939年）

二月、読売新聞夕刊の「一日一題」欄に寄稿した短文八四篇（昭和一一年一二月一日―昭和一三年一一月二二日）を『現代の記録』と題し、作品社から刊行。

六月、『ソクラテス』（『著作集』第九巻）を岩波の『大教育家文庫』の一冊として刊行。

七月、「思想」に連載された「神話」、「制度」、「技術」の三章を一巻にまとめ、『構想力の論理　第一』として岩波書店から刊行。

九月、『構想力の論理　第一』の続篇「経験(一)」を「思想」に発表。以下、その続篇を昭和一八年七月の「経験(十二)」まで一二回にわたり「思想」に連載。

一〇月、「世界の危機と日本の立場」を「日本評論」に発表。

一一月二日、小林いと子と再婚。


ノモンハン事件、五月一一日―九月一六日。

国民徴用令公布、七月二八日。

独ソ不可侵条約発表、八月二一日。

平沼内閣総辞職、阿部信行内閣成立、八月三〇日。

第二次世界大戦勃発（ドイツ、ポーランドに侵入）、九月一日。

英仏対独宣戦布告、九月三日。

昭和研究会『協同主義の哲学的基礎』を刊行、九月。

ソ同盟・フィンランド戦争開始、一一月三〇日。

昭和15年（1940年）	昭和16年（1941年）
44	45
三月、『哲学入門』（岩波新書）を刊行。 同月、中央公論社の依頼により中国（満文）におもむく。 六月、「支那を視て来て」（のち「国民性の改造」と改題、『学問と人生』に収録）を「中央公論」に発表。	八月、「文学界」に連載したこの年六月分までの人生論に関する随想に、旧稿「旅について」、「個性について」を加え、『人生論ノート』として創元社から刊行。 一一月、論文集『哲学ノート』を河出書房から刊行。
阿部内閣総辞職、米内内閣成立、一月一六日。 日米通商条約失効、更新交渉不成立、一月二六日。 （独）ドイツ軍、パリを占領、六月一四日。 （仏）ペタン政府、ドイツ軍に降伏、六月一七日。 第二次近衛内閣成立、七月二二日。 日本軍、仏印進駐開始、九月二三日。 日独伊三国同盟締結、九月二七日。 大政翼賛会発足、一〇月一二日。 大日本産業報国会結成、一一月二日。	日ソ中立条約成立、四月一三日。 独ソ戦開始、六月二二日。 第二次近衛内閣総辞職、第三次近衛内閣成立、七月一八日。 日本軍、インドシナ南部に進駐、七月二八日。 東条陸相、日米交渉の即時打切りを強硬に主張し、第二次近衛内閣崩壊、東条内閣成立、一〇月一八日。

年	年齢	事項	一般事項
			御前会議で対米外交打切りと開戦決意を決定、一一月五日。 太平洋戦争開始、日本対米英蘭宣戦布告、一二月八日。
昭和17年（1942年）	46	一月、徴用をうけて暫時東京品川の岩崎邸に滞留したのち、陸軍報道班員としてマニラにおもむく。 三月、『知識哲学』を小山書店から刊行。評論集『学問と人生』を中央公論社から刊行。 四月、論文集『続哲学ノート』を河出書房から刊行。 六月、随筆集『読書と人生』を小山書店から刊行。 九月、『技術哲学』（岩波講座『哲学』所載）を単行本として岩波書店より刊行。 一二月、マニラから帰国。	東条首相、大東亜建設宣言、一月二一日。米機、本土初空襲、四月一八日。 ミッドウェー沖海戦、六月五日。 米軍ガダルカナル島上陸、八月七日。 「大日本言論報国会」成立、一二月二三日。 日本軍、ガダルカナル島撤退開始（戦局、守勢に転回）、一二月三一日。

昭和18年（1943年）	昭和19年（1944年）	昭和20年（1945年）
47	48	49
二月、「比島人の東洋的性格」を「改造」に発表。以下、この年一連の比島省察記を諸誌に発表。 七月、構想力の論理の最終回となった「経験（十二）」を「思想」に発表。	三月二二日、妻いと子死亡。 九月、一人娘洋子とともに埼玉県鷲宮町に疎開。 一一月、「現代民族論の課題」を『民族科学大系1』『民族の理論』（民族科学研究所編、育英出版株式会社刊）に発表。	三月二八日、警視庁に検挙さる。 六月一二日、治安維持法の容疑者として検事拘留処分をうけ巣鴨の東京拘置所に送られ、二〇日、中野の豊多摩刑務所に移さる。 九月二六日、獄死。
（ソ）スターリングラード攻防戦により独軍潰滅、二月三日。 アッツ島の日本軍全滅、五月三〇日。 （伊）バドリオ政権、無条件降伏声明、九月八日。 中・米・英三国、「カイロ宣言」、一二月一日。	サイパン島の日本軍全滅し、東条内閣総辞職、小磯・米内協力内閣成立、七月二二日。 （仏）パリ、ドイツ軍より解放、八月一九日。 ド・ゴール臨時政府樹立、九月九日。 B29による東京初空襲、一一月二四日。	大本営、本土作戦を決定、一月二〇日。 東京大空襲、二―三月。 米軍沖縄本島に上陸、四月一日。 ソ同盟より日・ソ中立条約不延長を通告さる、四月五日。 小磯内閣総辞職、鈴木貫太郎内閣成立、四月

死後、埼玉の疎開先から遺稿「親鸞」の一部が発見され、翌昭和二一年秋、警視庁に押収されていた、さきに続く「親鸞」の一部とデカルトの『省察』の訳稿が遺族の手にもどる。

七日。
（伊）ムッソリーニ逮捕、処刑、四月二六日。
（独）ベルリン陥落、ドイツ無条件降伏、五月八日。
西田幾多郎歿、六月七日。
ポツダム会談、米英ソ戦後処理の共同方針決定、六月一七日―八月二日。
日本降伏勧告のポツダム宣言発表、七月二六日。
広島に原子爆弾投下、八月六日。
ソ同盟対日宣戦布告、八月八日。
長崎に原子爆弾投下、八月九日。
戸坂潤獄死、八月九日。
ポツダム宣言受諾、八月一四日。
天皇、終戦詔勅放送、八月一五日。
鈴木内閣総辞職、東久邇内閣成立、八月一七日。
ミズリー号艦上で降伏文書調印、九月二日。

主要参考文献

一、唐木順三『三木清』（筑摩書房、昭和二二年）
本書はいままで公刊された三木清論のなかで一番まとまりのある、かつ網羅的なものである。本書の特色は三木清と親交のあった著者による極めて親切な三木清論であるというところにあろう。三木哲学についてさまざまな角度から検討がおこなわれ、大変示唆にとむ。
一、高桑純夫『三木哲学——哲学の本質への反省——』（夏目書店、昭和二一年）
本書は著者も述べているごとく、三木清の『哲学入門』の前半を土台にして、「何が哲学か」を探ってみたものである。
一、佐藤信衛『西田幾多郎と三木清』（中央公論社、昭和二二年）
本書は、ユニークな眼をもつ著者による三木清論として一読に値する。
一、服部之総「三木氏における観念論の粉飾形態——三木哲学の再批判」（「思想」九六号、昭和五年五月）
一、栗原百寿「相対主義の浮浪的弁証法——三木哲学批判」（「思想」九八号、昭和五年七月）
一、加藤正「弁証法的唯物論への道」（「思想」一〇三号、昭和五年一二月）
一、戸坂潤「三木清氏と三木哲学」（昭和一一年、『戸坂潤選集』第五巻に収録）
これらの論文は、今日では歴史的なものに属するマルクス主義者による三木哲学の批判である。戸坂潤の論文をのぞく、前三論文は昭和初頭、マルクス主義をもってみずから任じた頃の三木哲学にたいする批判であって、当時の日本マルクス主義理論の性格・水準を物語って興味あるものである。戸坂潤の論文は三木をもって「相当抵抗力のある進歩主義者」「自由主義者」と評価しながらも、かれのヒューマニズムの大衆性について疑義を提出するなど傾聴すべきものをもっている。

一、久野収「足跡」(三一書房版『回想の三木清』、昭和二三年)

一、清水幾太郎「三木清の文化評論」(「思想」三二九号、昭和二六年一一月)

一、中島健蔵「最後の話題」(文化書院版『回想の三木清』、昭和二三年)

これらの論文は、三木清の仕事のうえでの後輩として、かれとほぼ同じような道を歩んだひとにのみわかる、「暗い谷間」の時代における三木清の実存を究明したすぐれた文献である。

一、波多野精一「三木清君について」(『構想力の論理』第二、跋文、昭和二一年。のちに文化書院版『回想の三木清』、ならびに三一書房版『回想の三木清』に収録)

一、谷川徹三「哲学者としての三木清」(文化書院版『回想の三木清』、ならびに三一書房版『回想の三木清』に収録)

一、林達夫「三木清の思ひ出」(「世界」一一号、昭和二一年一一月)

これらの文献は、三木清の京大の先生として、あるいはまた同輩として三木清という人間を本当に知っていたひとびとによる、いわば三木清本質論である。第三者にはみえなかった点をよく伝えている。

一、羽仁五郎「わが兄・わが師三木清」（三一書房版『回想の三木清』）
　これはドイツ留学時代、とくにハイデルベルク時代の三木清の面影を伝える貴重な文献である。

このほか、文化書院版『回想の三木清』、三一書房版『回想の三木清』における諸氏の三木清についての思い出、「思想」（三二九号、昭和二六年一一月）特集「三木清の業績」所収の、上原専禄、梅本克己、林直道各氏による専門分野に応じた三木清評価、さらにまた『三木清著作集』全一六巻の各巻末に付された編者の解説などが参考となろう。

　なお、直接に、あるいは全面的に三木清をとりあつかったものではないが、三木清像を側面から、あるいは背後から照射する参考文献をあげればつぎのようなものがある。

一、遠山茂樹他『昭和史』（岩波新書、昭和三〇年）
一、中島健蔵『昭和時代』（岩波新書、昭和三二年）
一、古田光「第二次大戦下の思想的状況」（『近代日本思想史』第三巻、青木書店、昭和三一年）
一、生松敬三「昭和における『モダニズム』思潮」（『近代日本思想史』第三巻、青木書店、昭和三一年）
一、荒川幾男「近代的人間観」（講座『現代の哲学』V『日本の近代思想』、有斐閣、昭和三三年）

あとがき

三木清が豊多摩の刑務所で非業の死をとげてから、今年（一九五八年）の九月二六日でまる一三年になる。まるで昨日の出来事であったかのようにおもわれるのに早いものである。

私事を語ることがゆるされるならば、私が三木清論を手がけてから、これで三度目である。第一回目は「『大正文化』批判の課題――特に三木哲学の構造分析――」（昭和二七年・一九五二年六月、「東大東洋文化研究所紀要」第三冊）、第二回目は「現代日本思想史上における三木清の足跡」（昭和三一年・一九五六年五月、拙著『近代日本思想の構造』東大出版会、所収）で、これで三度目の正直といいたいところであるが、はたしてどうであろうか。もしいえるなら本書をもって三度目の正直といいたいのは、この三回にわたるこころみが、いずれも同一のモティーフによるヴァリエィションであるからである。これらのこころみを一貫するものは、現代日本思想史上における三木清の位置を確定しようというモティーフであった。私の近代日本思想史の勉強がすすむにつれて、私の三木清像もしだいにはっきりしてきた。これでよいというのでは決してないが、本書を脱稿するにおよんで、まずこの辺で大過なかろうという確信が漸くついてきた。しかしなお、本書をもって私は決定版だとは決しておもっていない。

ところで、このようなモティーフによって書かれた本書は、したがって三木清の評伝ではない。私は三木清の評伝の作者として適任ではない。評伝を目的とするのではないという意識も手伝って、本書の執筆にあたって私は、ありし日の三木清の身辺日常について聞きこみが可能であるにもかかわらず、あえてそれをしなかった。というのは、三木清について中島健蔵氏がいっておられるつぎの言葉に同感したからである。「三木さんの思想は、書きのこされたものによって見るほかない。これは、考え、書くことを一生の仕事とした人間の必然的な運命である。しかし、それだけですむことであろうか。三木さんには、秘められた日記のようなものはない。われわれの思い出も、それほど深くは三木さんの中に侵入しえない。しかし、そういう材料のほかに、もっと三木さんの内部を明かにする客観的な材料が、まだ未処理のまま残っているのである。それは『時代』である。『歴史』である。三木さんだけでなく、人々をこのようにあらしめた現代である」(「最後の話題」『回想の三木清』)。ありし日の三木を知るひとの断片的な印象にたよるよりも、三木を三木たらしめた、われわれをわれわれたらしめている「時代」なり「歴史」なりをいかに処理するか――これが私の問題であった。現代日本思想史上における三木清の位置を確定しようということ、したがってまた、そのことをつうじてわれわれのあるべき姿を設定しようということ――これが本書の基本モティーフであり、かつねらいであった。だとすれば、これは容易なことではないはずである。三度目はおろか、四度でも五度でも私は三木清論を書きあらため、書きかえねばならぬであろう。

昨今、昭和史ならびに昭和思想史の本格的研究がしだいにみのりつつある。昭和思想史のオピニオン・リーダー三木清――私はそうおもっている――をどのように評価し、どこに位置づけるかは、この課題の一環をなすものといえよう。昭和思想史上における三木清の足跡を追求した本書が、この課題達成に幾分なりとも寄与しうれば幸いであるとおもっている。

一九五八年七月初旬

著者

著者略歴

1927年　京都に生れる
1951年　東京大学文学部卒業
1968年　東京外国語大学教授
1999年　没

近代日本の思想家 9
三木　清

1958年 10月 7日　初　　版　第1刷
1970年　7月 25日　UP選書版　第1刷
2007年　9月 21日　新 装 版　第1刷
[検印廃止]

著　者　宮川《みやがわ》　透《とおる》

発行所　財団法人　東京大学出版会
　　　　代 表 者　岡本和夫

〒113-8654
東京都文京区本郷7-3-1 東大構内
電話 03-3811-8814　Fax 03-3812-6958
振替 00160-6-59964

装　幀　間村俊一
印刷所　株式会社平河工業社
製本所　牧製本印刷株式会社

ISBN978-4-13-014159-8　Printed in Japan

近代日本の思想家　全11巻

四六判　1～10　定価各二九四〇円

1 福沢諭吉　遠山茂樹
2 中江兆民　土方和雄
3 片山潜　隅谷三喜男
4 森鷗外　生松敬三
5 夏目漱石　瀬沼茂樹
6 北村透谷　色川大吉
7 西田幾多郎　竹内良知
8 河上肇　古田光
9 三木清　宮川透
10 戸坂潤　平林康之
11 吉野作造　松本三之介

（二〇〇八年初春刊）